天はどんな願いを託して
あなたにいのちを
授けたのでしょうか？

一番好きなケーキを思い浮かべてください。

ではそれをイメージのなかでパクパク食べてください。

★

はい。

あなたのエネルギーはたったいま変わりました。

★

では、

The NEXT STAGE

これから新しいあなたに会いにいこう。

宇宙の法則

「うれしい」「楽しい」「心地いい」という感情は、
あなたの量子場を強めます。
そして、「うれしい気持ち」が「うれしい現実」と引き合い、
呼び寄せてくれるようになります。

下記イラストのように体の柔軟性をテストしてみると変化がわかります。
まずはそのまま体を曲げてみる。次においしいケーキを食べているところをイメージしたり、最高にうれしかったことを思い浮かべるなどしてからやってみてください。ウキウキした心の状態になると、即座に柔軟性がアップすることに驚かれることでしょう。
何人かでやると、すごい変化が出る方もいますから面白いですよ。

※種あかしはここ

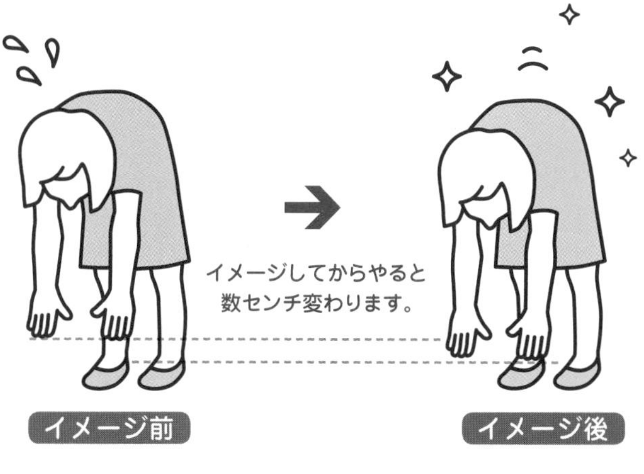

イメージしてからやると
数センチ変わります。
イメージ前
イメージ後

起こることは全部マル！

『すべての出来事は

『なんだ。悩みは自分の
芸風だったんだ！』

『努力しなくて
成功するってまず決めた』

『みんながうれしいってことが

『体はラクを求め、
心は喜びを求め、
魂は成長を求めている』

あなたを高めるためにやってくる』

『すべてはアッサリ、
うまくいく』

『努力じゃなくてワクワク』

『悩んでますけど、
それが何か？』

宇宙がうれしいってこと』

『言葉は最初の行動です』

『すべてはよくなるように
できている』

3時間で

新しい自分になれるワークブック。

コトバで言えない漠とした不安を解消し

新しい現実を創造できるようになる

「人生の攻略本」です。

ワークの質問にそって
答えていくだけで、

最後の質問に辿り着く頃には、あなたの人生は

The NEXT STAGE！

に突入することでしょう。

いまのあなたで全部マル！

起きることも全部マル！

それが宇宙の真実だとしたら、どうでしょう？

今日、あなたは、「自分の真実」と出会います。

……ドキドキドキドキ。

真実があなたを自由にします。

ひすいこたろう × はせくらみゆき

増量パワーアップ版に寄せて
まえがき　ひすいこたろう

「人生を変えるためには、行動をする必要がある」
これは本当に真理でしょうか？

例えば、江戸時代は東京（江戸）から京都まで２週間ほどかけて歩いて行っていました。だから歩き続ければ必ず京都に着くと思って歩いても、もし間違って北に向かって歩いていたのなら、永遠に京都には着きません。逆に歩けば歩くほど（行動すれば行動するほど）京都から遠ざかってしまいます。
そういう意味では「方向性」×「行動」＝「あなたが行きたい場所」という方程式が割り出せるわけです。
この「方向性」を「認識」という言葉に置き換えて考えてもいいのです。
世界で一番売れたビジネス書『７つの習慣』の著者のスティーブン・Ｒ・コヴィーはこう言っています。

「人生において小さい変化を求めるのだったら、
行動を変えればいい。
大きな変化を求めるなら、パラダイムを変える必要があると。

行動を変えることが人生を変える一番の秘訣のように思われていますが、大きい変化を求めるなら、先に認識（パラダイム）を変えることなんです。
「認識（パラダイム）×「行動」＝「未来」です。
では、この人生をどう認識したらいいかというと、それがズバリ、この本のタイトルなんです。

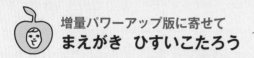

「起こることは全部マル！」という認識のパラダイムシフトが、実は人生を丸ごと大きく変える革命の扉になります。

とは言え、「起こることは全部マル」なんて、そんなわけないと思いましたよね？
そんなあなたにこそ、この本を最後まで読んでほしいなと思います。
読み終わるころには、未来を信頼できるようになって安心感の中で、人生を心から楽しめる自分になっていることでしょう。
そして最後には、あなたを新生地球（ハッピー・ニューアース）の住人にご招待します。

すべての出来事は、あなたを高めるために起きています。
あなた次第で、すべての出来事は、あなたの愛を深めるきっかけにできます。

「起こることは全部マル」と現実を受け入れた瞬間にあなたの前に立ちふさがっていた「壁」を新しい時空の「扉」に変えられるのです。

さあ、人生はプレイランド。
冒険の旅を始めましょう。

ひすいこたろう

増量パワーアップ版に寄せて
まえがき　はせくらみゆき

『起こることは全部マル！』――この、タイトルがそのままアファメーションともなる本書が出てから約６年。時を経て、装いも新たに、皆様のもとへお届けすることになりました。

時代はいよいよ、このコトダマをしっかりと腑に落としながら歩んでいく時を迎えています。

時代の流れは、一見、混迷しているようにも見えますが、それも変化の一つのプロセスの中にあるのです。

どうぞ、変化を恐れるのではなく、自分が変化そのものなんだととらえて、しなやかに、軽やかに進んでまいりましょう。

すべてはベストタイミングです。
すべてはちょうどよくできています。

深く自分を信頼し、進んでいく時は「今」。時に、恐れや不安が湧き上がったとしても大丈夫です。それさえもパワーに変える力を私たちは持っているのですから。

この本は、そんなあなたが、喜びと豊かさに包まれながら、人生と世界を航海していくための、22世紀的ナビゲーションガイドブックです。

とりわけ、巻末206ページには、今の時代に寄せたひすいさんと私の怒涛の対談が載っていますので、どうぞお楽しみに。

それでは、ともに、未来型の生き方をサクッとインストールして、ワクワクの人生をつくっていきましょう。

はせくらみゆき

CONTENTS

CONTENTS

CONTENTS

STEP 4 LOVE

～プロローグ～

22世紀の夢の叶え方 ～夢はアッサリ叶います～

ひすいこたろうです。
僕はいま、ワクワクしています。
なぜなら、いまから、あなたを22世紀へ連れていけるからです。
まずは、歴史作家の司馬遼太郎さんが
子供たちに向けたメッセージをお読みください。

＊　＊　＊

「さびしく思うことがある。
私が持っていなくて、君たちだけが持っている大きなものがある。
未来というものである。
私の人生は、すでに持ち時間が少ない。
例えば、21世紀というものを見ることができないにちがいない。
君たちは、ちがう。
21世紀をたっぷり見ることができるばかりか、そのかがやかしいにない手でもある。もし『未来』という町角で、私が君たちを呼びとめることができたら、どんなにいいだろう。
『田中君、ちょっとうかがいますが、あなたがいま歩いている21世紀とは、どんな世の中でしょう』
そのように質問して、君たちに教えてもらいたいのだが、
ただ、残念にも、その『未来』という町角には、私はもういない」

出典■『二十一世紀に生きる君たちへ』(世界文化社)

＊　＊　＊

でも、僕もキミも残念ながら2101年から始まる
22世紀は見られない可能性が高い。

僕がずっとずっとずっと
昔から変わらずに興味があったのは「未来」でした。
「未来」、具体的にいうと、

22世紀の**進化した人間の心の使い方**です。

江戸時代、坂本龍馬の住む土佐（高知）から
江戸までは歩いて約30日ほどかかっていました。
しかし、いまは空を飛びます。
東京ー高知間は、飛行機でわずか75分に短縮されました。
カステラを食べて、仮眠をとり、目覚める頃には到着です。

150年前は30日かかっていたのが、
いまや75分。576分の１に短縮されているんです。
同じペースで進化したとしたら、
22世紀である150年後は、
東京ー高知間は7.8秒で着いているはずです。

「いや。それはムリでしょう」

そう思うかもしれませんが、

いつの時代も、いまはムリというのがアッサリ実現しているのが未来ですから、これだって実現している可能性はあるんです。
そんな未来において、

人間の心はどこまで進化しているのか
人間の可能性はどこまですごいのか
そして、人間はどこへ向かっているのか

僕はそれをずっと知りたいと思っていました。
実は、その答えと僕は出会えたのです……。
はせくらみゆきさんとの出会いから明確に。

はせくらさんはその感性で地球の未来を一足先に捉え、
「未来の人間の可能性」を生きているアーティスト、画家さんです。

はせくらさんの子供時代は、
「今日は雨が降るのかな」というときは空に聞き、
道に迷いそうなときは道ばたの草に方向を聞くと、
直接心に答えがポーンと返ってくるような
万物とテレパシックな会話ができる子供だったそうです。
山を見れば山の鼓動が伝わり、
木を見ても木の思いがわかる。

この本を一緒につくらせていただく際も驚きの連続でした。

どんな本をつくりたいか、はせくらさんと打ち合わせをした翌日には、もう、この本の骨格ができあがっていたからです。

打ち合わせをした翌日の朝９時過ぎ
僕が電車を降りようとして、踏み出したその一歩目で電話がかかってきたのです。まるでいま、僕が電車を降りるのを待っていたかのようで、僕は、なんてタイミングのいい人なんだろうと思って携帯電話を見ると、はせくらさんでした。

しかも、前日打ち合わせした、今回、僕がつくりたいと思っていた本の骨格をガーっと話し始めたんです。聞けば、その日の朝に、宇宙から「ダウンロード」が始まり、それをメモったら、もう本ができていたというのです！
その翌日には、はせくらさんが書きつづった原稿が僕の家に届いていました。

そんな本のつくり方、いままで見たことも聞いたこともない。

「信じる限界が現れる限界」
「努力じゃない。ワクワクしてることが大事」

はせくらさんはそう教えてくれました。

例えばゲームのCD-ROMのなかには、
ゲーム上で起きるすべての可能性が１枚のCDの中に、すでに収められています。
はせくらさんは宇宙も同じようなものだというのです。

すべての可能性は、いますでにあると。
あとは、あなたが望む世界を、自分の意志で選び取るだけだと。

ほんとは、夢は叶えるものではなく、
すでにあるものを「選ぶ」だけなのだと。

僕が、はせくらさんとつくりたかった本は、
コトバで言えない漠とした不安を解消してくれて
新しい現実を自由に創造できるようになる
書き込み式のワークブックです。

すると、はせくらさんはその僕の意図に意識を合わせてくれて
この宇宙から、未来に存在するこの本をダウンロードしてくれたわけです。
朝方わずか１時間ほどで（笑）。

それをもとに、僕のエッセンスもかけあわせて、生まれたのがこの本です。

未来の地球人は
　　もっと自由に
　　もっと冒険的に
　　もっとドキドキして
　　もっとワクワクして
　　もっと喜びに満ちて
　　　　　人生を満喫しているはずです。

それを僕らも一足先に味わいましょうよ。
せっかく生まれてきたんですから、

思いきり自分の可能性を遊び倒そう。

僕らが考えている
　　５万倍
　　人生はもっと楽しく生きられるから。
では未来のあなたに会いにいこう。

Welcome to the New Stage !

——ひすいこたろう

22世紀的「人生攻略本」

どうも。再び、ひすいこたろうです。

まずはこの本の構成をご説明しましょう。

わかりやすいように、ホップ、ステップ、ジャンプの３ステップで

時間軸にそって話を進めていきます。

① ホップ「過去」———過去（悩み）を受け入れる。

② ステップ「現在」———いま、ここを味わう。

③ ジャンプ「未来」———未来にときめく。

まずはみなさんに質問です。

「過去」「現在」「未来」

この３つを下記の式に当てはめてみてください。

● ＋ ▲ ＝ ■

「過去」＋「現在」＝「未来」

このように当てはめた方が多かったんじゃないでしょうか。

しかし、22世紀的には、時間の観念がこう変わります。

「過去」＋「未来」＝「現在」

現在の中に過去も未来もある。

逆をいえば、いま、ここ、現在を変えることで未来は変わり、
わだかまりなどの過去への認識も変えることができます。

過去を英語で――――「past《パスト》」
未来を――――――「future《フューチュアー》」
現在を――――――「present《プレゼント》」　といいます。

そうです。「プレゼント」は、いま、「現在」にあるんです。

どんな過去であれ、過去はこれでよかったんだと受け入れることで、
過去を味方にできます。

未来に関しては、ときめく未来にフォーカスすることで、
未来を味方にできます。

すると、過去から、未来から、いま、ここである「現在」に向けて

「風」が流れてくるのです。

あとは、その風にひょいとのるだけで、

ワクワクする現実があなたの目の前に現れてきます。

鳥は努力で空を飛んでるわけじゃない。
ヒナは努力してタマゴからかえる
わけじゃない。

自然を見ればわかります。

自然界はがんばってるわけではないのです。

ただ、宇宙に流れるリズム（風）にのっているだけです。

ところが、いまの僕らは、

過去を悔やみ、未来に不安を抱くことで、

逆に「現在」のエネルギーを減らしてしまっている。

それはもったいない。

過去から応援された「現在」

未来から応援された「現在」

いま、ここのあなたが変わったときに

あなたの人生はネクストステージに突入します。

そのために

やることはカンタンです！

PLAY-1 マークのついている項目の質問に答えていくだけです。

途中の「コラム」(COLUMN)には、見慣れない概念が含まれている箇所があると思いますが、
すべてを理解できなくてもかまいません。

「コラム」は読まなくてもOK！

ワークだけでもこの本は成り立つようになっていますので
安心して読み進めてください。
ステップ①で、あなたの悩みを癒し、
ステップ②で、いまをしっかり味わえるようになり、
ステップ③で、ときめく未来の夢を描く。

そして、最後のステップ④で、
あなたのなかの「愛(LOVE)」と出会う、
という4幕構成です。
では、はじまります。
まずはあなたが抱えている悩みを
はせくらさんに
ばっさり斬ってもらいましょう(笑)

では、
はせくらみゆきさんの
登場です!!!!!

STEP
1

過去（悩み）を受け入れる

Yesterday is history.

はせくらみゆきです。

さっそく始めましょう。

悩みとは?

ズバリ
芸風です!

「ひゃーー」

悩みとは?

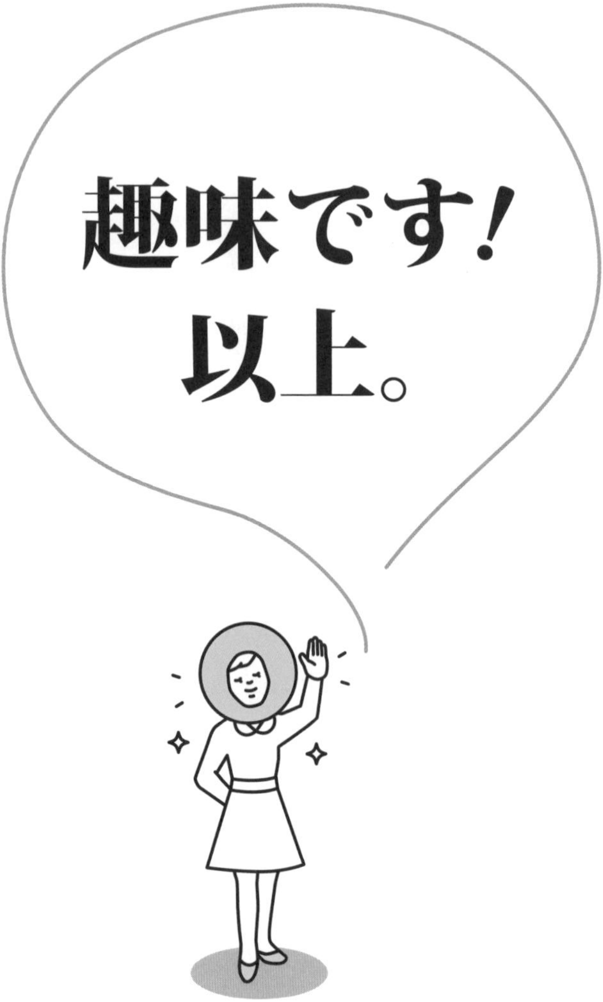
趣味です！
以上。

「ギャーー」

{ ストレスとは何か？ }

ひすい はせくらさん、しょっぱなから飛ばしますね（笑）。
でも、確かに、お笑い芸人の品川庄司の品川さんも同じことを言っていました。品川さんは、すごく悩みやすい性格だそうで、悩まない人を見ると「いいなぁ」と、また悩んでいたそう。でも「俺は悩むのが好きな人間なんだ」って、ありのままの自分をうけいれたら、悩むのが楽しくなったというのです。「俺は好きで悩んでる。自ら進んで悩んでる」。そう考えたら、あれほど嫌だった悩みが、すごい自分になっていくためのステップアップに思えるようになったって。

はせくら まさに悩みは趣味なのです。飽きたら終わります。

ひ もうちょっと段階的に教えてもらってもいいですか？
まずは、そもそもなんで人は悩むんでしょう？

は 人は「いま（現在）」にしか生きて存在していないのに、心が過去を悔やんでいたり、まだ起きもしない未来の出来事の心配をしていたりするからです。
「ストレス」というのは、現在にしか生きられないのに、心が過去や未来に行ったりすることを指します。
ちょうど、現在をバームクーヘンの中心だとしたら、現在から過去までの幅、現在から未来への幅を「ストレス」と呼ぶんですね。

ひ 確かに、未来への不安や心配は、そうなったときに悩もうと腹をくくっちゃえば、いま、この瞬間には、悩みも不安もないはずなんですよね。

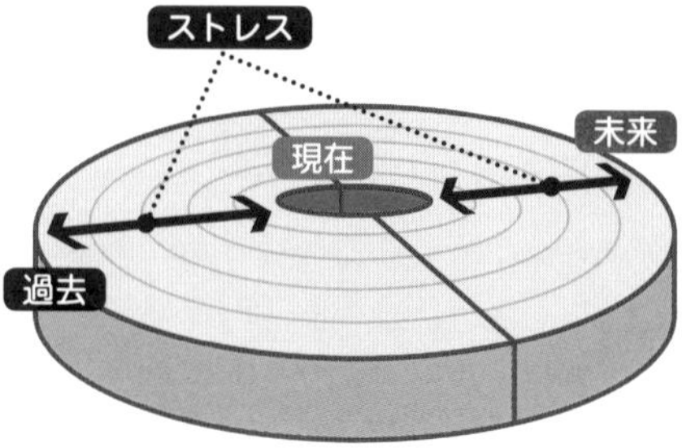

は そう。いま、この瞬間にできる１個のことに心をそわせて、そこだけに向かっていったら、ストレスも抵抗もなくなります。「いま、ここ」こそ、どこにでも向かえるニュートラルポジション。可能性が360度ひらけている基点です。「いま、ここ」とはバームクーヘンの中心にいるってことなんですね。
中心はすべての可能性が開けています。

ひ 心が過去や未来に行くことが「ストレス」ということですが、未来に対して、不安や恐れではなく、夢や希望で、ウキウキときめいていることはどうなんでしょう？

は そもそも、ウキウキしているのは、ストレスじゃないですよね？　ストレスとは簡単に言うとワクワクしないもの。未来にときめくのは、ワクワクするもの。未来にときめきながら、いま、できることをワクワクの心でやれば、やっぱり現れる未来もワクワクハッピーだよ。

PLAY-1

お悩みバームクーヘンPlay！

バームクーヘンの上に、あなたの悩みを書こう。悩みは、過去に起こったことと、未来の心配に分けて吹き出しをつくって書き出してみましょう。自分がわかればいいので、短い言葉で大丈夫です。センターから右へ行くほど遠い未来の心配や不安を。センターから左へ行くほどに遠い過去の後悔などを記します。

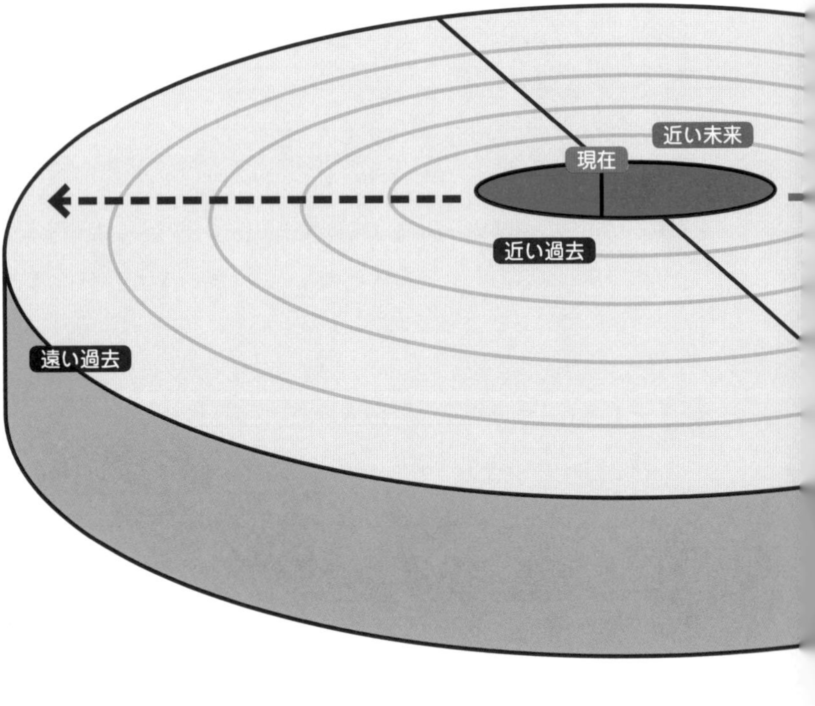

は おおっ！　いっぱいお悩みトッピングがのってるね。でも気にすることないよ。過去に起こったことは、いま、体験できないし、未来に起こることはいま、体験できないもん。じゃあ、このお悩みバームクーヘンを食べちゃいましょう。

ひ え!?　食べちゃうんですか？

は そう。食べちゃうの。いっただきま～す！　モグモグ！

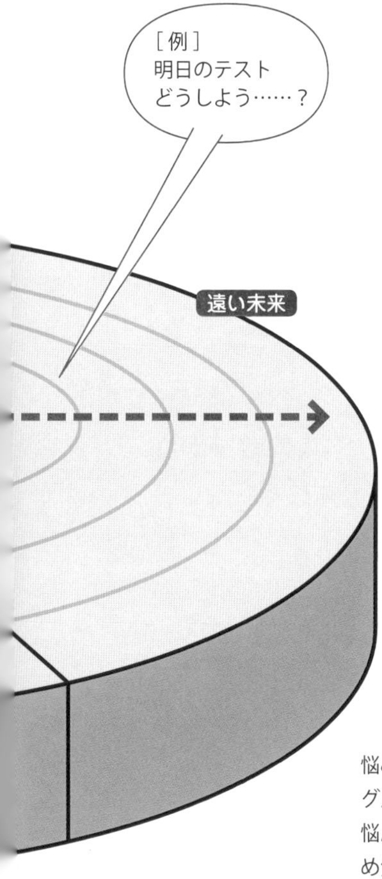

悩みを紙に書き出すことで、無意識に頭の中でグルグル回っていた悩みを表面化したことになります。悩んでる自分を嫌う必要はない。ただそのことを認め気づいてるだけでも心は軽くなっていきます。

{ 悩んでる自分に降参しちゃえ }

は 未来を憂うのは取り越し苦労。過去を憂うのは持ち越し苦労。人はいま、いま、いまを重ねて生きる生き物です。すべてはただ一度しか体験できない貴重なこと。似たようなことは起こっても完全に同じにはならないですから。

ひ 確かに、毎瞬、毎瞬、一期一会の体験ですもんね。地球46億年の歴史で、今日起きる出来事は今日しか味わえない。今日起きることは、どんなことであれ宇宙からの１点ものの贈り物。

は いいも悪いもうれしいも悲しいも、皆、その時々の縁《えにし》によって時と場所の中で起こった、ただ一度の貴重な体験です。そしてそれは必ずやあなたを次のステージに引き上げます。心は喜びを求め、魂は成長を求めるものです。もしあなたが行き詰まっていたり、辛かったりしたら、それは魂からの成長のサイン。次へ行く準備が整いましたよということです。

ひ 僕は、アニメの「ルパン三世」が好きなんですが、ルパンは、ピンチに追い込まれたときに言うセリフがあるんです。「面白くなってきたぜ、次元」と。行き詰まったときは、次の次元へ向かうサイン。この悩みを通して、「どんな自分に成長できるんだろうか？」と、そこを面白がればいいんですよね。

は そうそう！

すべての出来事は
あなたを
高めるために
やってくる。

——— by はせくらみゆき

ひ「すべてはよくなるようにできている」ということですが、そこに例外はないんですか？

は 例外はありません！（キッパリ）

あなたは、どんなときでも愛されています。
あなたは、いかなるときも守られています。

ひ それは希望になりますね。

は 悩みの奥には、そうなってほしいという願望があります。期待があります。それが叶わない苦しみが悩みの本質です。それをただ認めてあげるだけでいいんです。
自分が悩んでいるということ、そうなってほしいと強く望んでいること、でもそれがなかなか叶わないから、私は苦しいんだよー、という自分の心をそのままに認めてあげればいいんです。そうすると、逆に変化が起こっちゃいますから。

ひ え？　ただ認めるだけでいいんですか？

は そうです。認めたら消えます。認めないから残ります。心は突き詰めると、スイッチのオン、オフと一緒なんです。なので、無駄な抵抗はしないほうがいいんですね。悩んでいる自分をそのまま認めてしまって、悩んでいる自分に対して逆らわないということを選択するんです。
すると、次のステージがいきなり現れちゃいます。

ひ ほおーっ！　そんなワザがあったんだぁ〜〜。

は ちょっとクイックワークとしてやってみましょうか？
指で、オッケーマークをつくってください。

ひ はい。こんな感じですか？

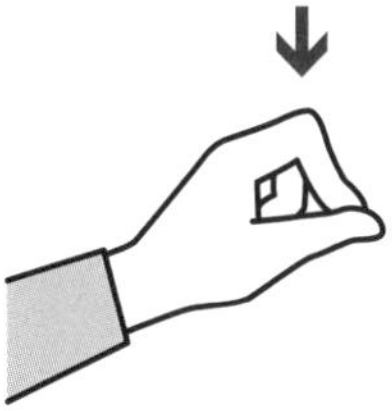

は はい。そのオッケーマークの、一番とんがっているところ、これが、「いま、私、悩んでますスイッチボタン」が、オンになった状態です。
ハイッ！　じゃあ、そこ、押します。
ポンッ！　カクッ（指がまっすぐになる）。すると、手の形は、カクンと平らになりますでしょ。これが、悩まなくなったオフ状態です。悩みや苦しみがあることを裁くんじゃなくて、そのまま、認めちゃうということになります。無駄な抵抗はよせって感じで。そうすると、いま、指がストンと平らになったように、無抵抗になるので、あらゆる感情にいいも悪いもつけなくなり、結果として、「悩む」という心の摩擦抵抗もなくなっちゃうんです。だから、悩まない。

ひ 認めるってすごい！
認めるということは、抵抗をなくすスイッチを押すことなんですね。「無駄な抵抗はよせ。バキューン！」
これからはこれですね！（笑）

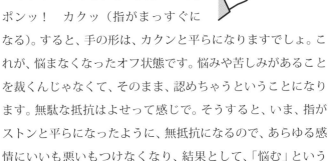

PLAY-2

お悩みリストPlay!

❶悩みのリストアップをしてください。

❷の欄に書いたことを
アリアリとイメージしながら行動する。
そして関わる人みんなが
幸せになることをイメージをして愛をおくろう。

❷その悩みがどうなってほしい？　どうなったらいい？

ひすい
COLUMN

悩みの背後にある「希望」を見る

僕が心理療法を習った矢野惣一先生は、天才的なカウンセラーなんですが、かつてこんな悩みをもったことがあったそうです。

そもそもカウンセラーという仕事は、朝から晩までずっとずっと人の悩みを聞き続ける仕事。とてもやりがいのある仕事ですが、それが毎日続くわけですから、一日が終わった最後には、ドヨーンとして、
すごく疲れが残ることがあったのだそうです。

しかし、矢野先生はあることに気づいてから、その嫌な疲れはなくなったそうです。
何に気づいたんだと思います？

悩みの背後には「希望」がある。
その希望に向けて一緒に歩んでいくのが
カウンセラーなんだと気づかれてから疲れなくなったそうです。

悩むのは、どうなりたいかという希望があるからなんです。
だから、これからは、悩んでる人を見たらこう思いながら相談にのってあげてくださいね。「この人はどうなりたくて悩んでいるんだろう？」
悩みにフォーカスを当てるから疲れるんです。
悩みの背後にある希望にフォーカスを当てればいいんです。

「いかなる絶望にも希望がある」
――― by ヴィクトール・エミール・フランクル（精神科医）

この傷みを通して、どれだけ愛を深めていけるか。

問題そのものにフォーカスしすぎるのではなく
この問題を通して、何を学び、どうなりたいかを
イメージしよう。

—————— by はせくらみゆき

たとえば放射能でダメになっていく日本を選ぶか
放射能によってよりシフトしていく日本を選ぶか
みたいなものです。

はせくらさん、
あえて聞きますが、
それでも、悩みが消えないときは
どうしたらいいの？

開き直りましょう！

悩んでますけど、何か？って。

ひ 「気が小さいですけど、

———————— **それが何か？**」

「すぐ慌てちゃいますけど、

———————— **それが何か？**」

こんな感じですか？

は そんな感じです（笑）。

「お金なくて、ビクビクしてますけど、

———————— **それが何か？**」

「すぐに執着しちゃいますけど、

———————— **それが何か？**」

「好きだった人のことが忘れられないんですけど、

———————— **それが何か？**」

「死ぬのが怖いんですが、

———————— **それが何か？**」

「怒ってますけど、

———————— **それが何か？**」

「あの人だけは許せないんですが、

――――――――――――――それが何か？」

「つい食べすぎちゃいますけど、

――――――――――――――それが何か？」

「親との関係性が悪いんですけど、

――――――――――――――それが何か？」

「学校行きたくないんですけど、

――――――――――――――それが何か？」

「掃除、嫌いなんですけれど、

――――――――――――――それが何か？」

こんな調子で、なんでも言っちゃってみて！

ひ ダメな自分をなかなか受け入れることはできなくても、そうであると、ひとまず認めることはできますもんね。認めたらラクになったことって僕もあります。お金のことにルーズな人って僕は嫌いで、割り勘とかして「あとで出すね」と言ってそのまま忘れる人とか許せなかったんです（笑）。なんでこんなに心が騒ぐのかなと思ったら、ようは自分がせこかったからなんですね（笑）。なんだ。自分がせこいからせこい人が嫌いだったんだって。自分はせこいと認めたら、せこい人を見ても、「あ、仲間だな」って流せるようになりましたね（笑）。

は うん。認めちゃった瞬間そこから離れられるからね。
それに、悩むことが悪いことじゃないんです。ただエネルギーの使い方の効率が悪いだけ。もったいないんですね。
適度な悩みは進化を加速させる働きもあるんですが、一方で、悩みすぎちゃうと、エネルギー漏れを起こしちゃうんですね。
たとえていうなら、ワクワクして進むのがトップギアなら、悩んで進むのは普通のギア、そして、悩みでいっぱいというのが、ローギアという感じでしょうか。

ひ 効率のよいエネルギー変換の仕方って、どういう感じなんですか？

は 水のような感じです。それぞれの状況に対して、流れのままにフワッフワッと入っていく。抵抗せずに、与えられたもの、目の前に現れたこととひとつになる、そんな感じです。

ひ 老子が言っていた、最高の人生は、水のように生きること、「上善は水のごとし」ですね。

では、あなたも42ページの「お悩みリストPlay!」に
書いた悩みをひとつひとつ読み上げて、
最後に「悩んでますけど、それが何か？」
と声に出して言ってみましょう。開き直ると気持ちいいですよ。

それにしても、
はせくらさんは
まったく悩まないですよね。
その秘訣は？

気にしていないから！

は だって私は「いのち」なんだもん。

「いのち」がほんとうの自分だって知ってるから

「いのち」が体をいただいて

出来事と心を観察してるだけだから

全部面白い。

うれしいことも

悲しいことも

怒ってるときも

ぜ〜んぶ

しっかり感情を味わって

味わいつくせばいい。

それが生きてる醍醐味だから。

ではでは、次からのワークで、
あなたの中に眠っている怒りや不安な感情を解放させちゃいましょう。

PLAY-3

感情解放Play! ❶

怒り火山を噴火させよう

怒りを感じること自体はなんにも悪いことじゃありません。
だって、そもそも感情があなたなわけではないから。
季節は春夏秋冬があって彩りが増すように、喜怒哀楽だって、すべては大切な感情です。だから、しっかり味わいつくせばいい。
とはいえ、怒りは、人にぶつけると反作用があります。
そこで火山として表現して昇華させましょう。
色えんぴつなどを使って火山の爆発を表現してみましょう。

PLAY-4

感情解放Play! ❷

不安をモヤモヤの雲で表そう

つい思ってしまう不安や心配を、雲にたとえて書いてみましょう。
雲の中には、悩み事を短い言葉やマークで書いておきます。
書いたら実際に息を吹きかけて、ピューッと吹き飛ばすイメージをしてみましょう。

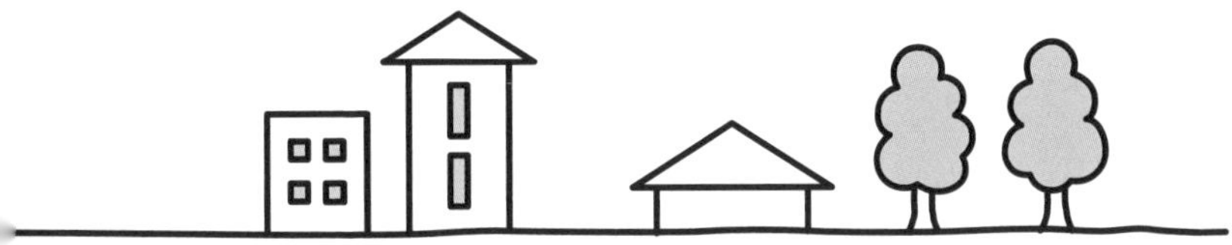

PLAY-5

心に太陽Play!

体に大きな太陽を描き込もう

「いのち」って、太陽みたいなもの。太陽があなたの「いのち」そのもので、心が空みたいなもの。不安や心配はその中の雲。
雲が流れると、あなたの心の中に、もともとある太陽がピカーンと輝き始めます。
ほんとうは「いのち」が真の自分で心と体を観察しているだけなんですね。いのちが主役で、心と体が脇役です。
いのちはお日様みたいに輝いているので、そのいのちにフォーカスすると、自然と雲が消えて青空が広がり、いい気分になって、いいことが起こりやすくなります。
同時に、直感もさえて、すごいことが
アッサリと起こるようになるんです。

いのちの自分に気づくこと。
太陽のような輝きが内に
あることを知ること。
それがわかると、
本当に体の中から、
熱いものがこみあげてきますよ！

おなかのあたりに太陽を描いて
色を塗りましょう。

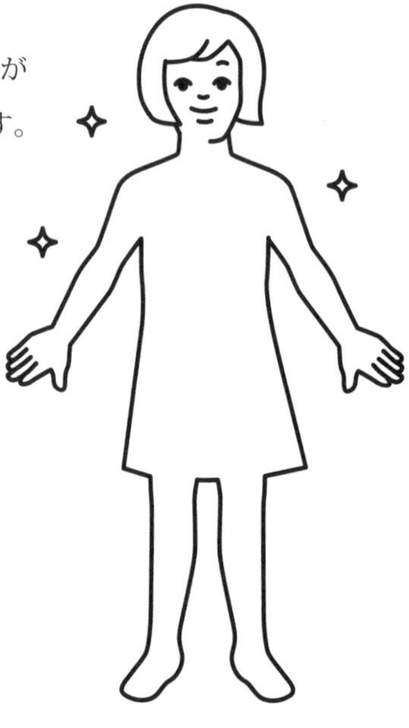

ひすい COLUMN 日本人は心の太陽を知っていた！

台風の中で、飛び立つ飛行機に乗った友人から聞いた話です。
飛行機はガタガタと揺れに揺れて、機内には「キャー！！！」という悲鳴がこだましたそうです。しかし、その揺れが、ピタ一っと一瞬で止まったのです。何があったと思います？

飛行機が黒い雲を抜けた瞬間です。
どんなに嵐が激しくとも、雲の上は、当然、雲ひとつなく、
晴れ渡っていることに改めて気づいたそうです。

雲の上はいつも晴れ。

雲の上はいつも太陽がピカーンと晴れ渡っているのです。

その太陽が、ひとりひとりの心の中にもあるってことを昔の日本人はよく知っていました。「こんにちは」という挨拶の語源が、実は、そのことを示しています。
「こんにちは」というのは、太陽のことなのです。
今でも、太陽のことを「今日様（こんにちさま）」とか「こんにちさん」と呼ぶ地方がありますが、昔は、どの地方でも太陽を「今日様」と呼んでいました。夏目漱石の小説『坊っちゃん』にも、「それじゃ今日様（太陽）へ済むまいがなもし（申し訳ない）」というセリフが出てきます。
「こんにちは」という挨拶は、相手の心の中に宿る太陽に向けて、「やぁ、太陽さん」という呼びかけなのです。
「元気ですか」の「元気」とは、「元の気（エネルギー）」という意味で、これも太陽のエネルギーを指しています。つまり、「こんにちは、元気で

すか」という挨拶は、「心の中の太陽とともに明るく生きていますか？」という意味になります。
そして、「さようなら（ば）、ごきげんよう」は「それならば（太陽さんと一緒ならば）、ご気分がよろしいでしょう」という意味です。
つまり、日本人の挨拶は、ひとりひとりの心の中にある太陽に向かって声をかけ合っていたわけです。どんなに心がモヤモヤと曇ったように見えても、あなたの心の太陽は今日もサンサンと輝いているのです。

ピカーン。

PLAY-6

心の３層に色を塗るPlay!

人の心の構造は下記のイラストのように3層になっています。
まずは、この３層に色を塗ってみましょう。

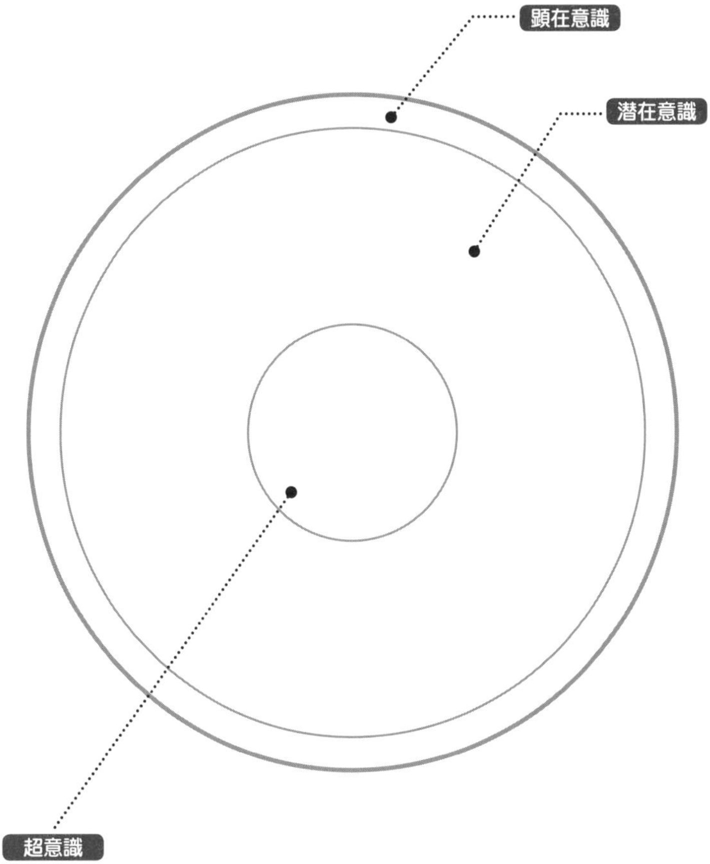

{ 意識の３層構造 }

ハイッ、色は塗られましたか？
さて、悩みを感じる部分はどこにあるのでしょう？
実は「顕在《けんざい》意識」の一部分だけなんですね。
「顕在意識」というのは、
思考や感情、感覚、信念（自分が信じている念）でできている世界で、別名「エゴセルフ」といいます。今の私たちのほとんどは、この「顕在意識」だけが、自分のすべてだと思っています。

また、「潜在《せんざい》意識」というのは、
表面の意識下に上っていない意識すべてを指します。
具体的には、もう忘れてしまった個人の記憶や生まれる前の記憶、そして、宇宙の始まりから今に至るまでといった、巨大図書館のメモリーチップのような意識なんです。

そして、その奥底に行くにつれて、どんどん精妙に、神聖になってくるんですね。
それを「超意識」と呼びます。

それってまるで地球の断面図みたいなものなんです。
私たちが住んでいる地表の部分が、「顕在意識」の部分。
で、地球の中には、地殻があってマントルがある。これが「潜在意識」。
そして、地球の核（コア）が、「超意識」の部分担当という感じでしょうか。

ですので、目には見えないけれど、本当は一番影響力があって、大切なのが、コアの部分にあたる「超意識」のところなんです。
ここが自分の本質です。

「顕在意識」「潜在意識」「超意識」

そうした3層にわたる意識すべてのことを「いのち」と呼んでいたわけです。

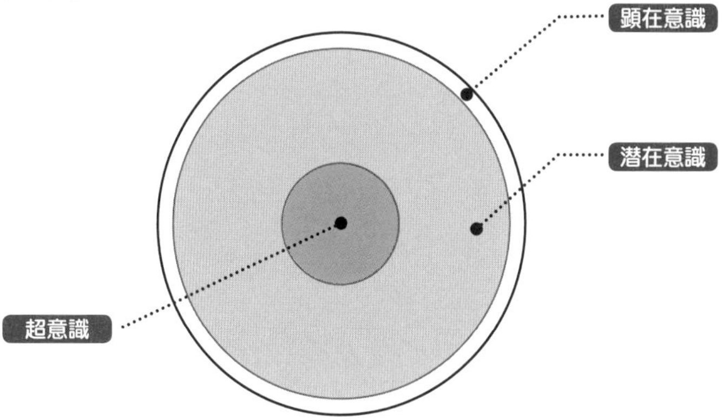

ひ　へえ、そうだったんだ〜。
心の3層を　「顕在意識」（地表）
「潜在意識」（マントル）
「超意識」（コア）と、
地球に例えるとすごくわかりやすいですね。

は　では、いのちを具体的に感じてみましょうか？

ひ　そんなことができるんですか？

は では、目をつぶってみてね。
そうして、自分の体を抱きしめて、体の感覚を感じてみてください。
そこに、自分がいますか？

ひ はい、しっかり。

は 今度は、自分の体を消しゴムで消すみたいに、イメージで消してみてください。
最初は、自分のまわりにあるものから消してみましょうか。そして最後に、自分を消してみてください。
透明人間になっちゃう感じで。

ひ はい、ゴシゴシ。……うん！　透明人間になってみた！

は じゃあ、もう一回質問。そこに自分はいますか？

ひ あ、いますね。

は そう、それが、いのちです！

ひ はぁ？

は 体がなくても、自分はいたでしょ？
それが「いのち」なんです。

いのちは、体があろうがなかろうが、関係ありません。いのちが本当の自分で、体は、それを現すための入れものです。

ひ 沖縄で「アイソレーション・タンク」というものに入ったことがあるんです。
アメリカの脳科学者のジョン・C・リリーが考案したもので、巨大なお風呂のようなタンクで、中は真っ暗闇。皮膚と同じ温度の液体がはられており、そこに裸で身をしずめるとすっと浮かび上がるんです。その中に２時間いたんですが、体の感覚が完全になくなって、意識だけ残るんです。

は 体の感覚がなくなっても、自分はちゃんと残っていましたでしょ？
「いのち」とは先ほど見た「３層の意識すべて」なんです。
そして、顕在意識が悩んだとしても、全体としては、ごく一部だってことを忘れないようにしてくださいね。潜在意識と超意識が97％だとすると、顕在意識は３％くらいですから。

ひ つまり、どんなに深く悩んでいても、あなたの心の中の領域の３％が悩んでいるだけだということですね。
もうダメ、限界、死にそうってときで、
3.1％くらいだと（笑）。

は そう。そのことをしっかり腑に落とすためにも
p61の「心の３層」に３色で色を塗り分けてみましょうね。

PLAY-7

ホクロPlay!

あなたの体にホクロをひとつだけ描き込みましょう。

[例]

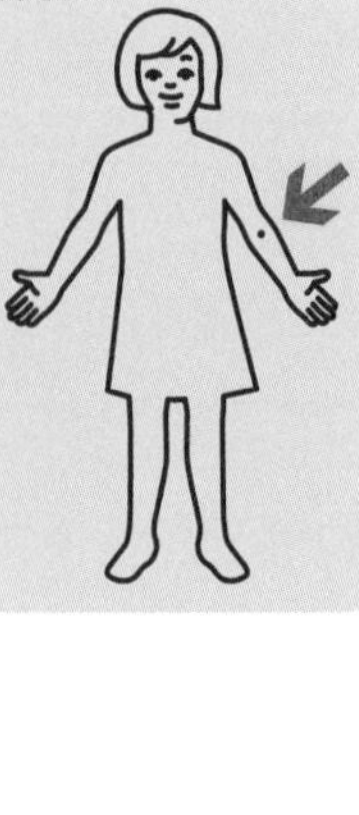

全身意識から見て、悩みとは、
ホクロ一個分の量ぐらいなもの

あとは全然悩んでいない……。

つまり、
悩みとは？

はい。
勘違いだったんです！

ヒャー。
なんだか、もう悩むのが
バカバカしくなって
きましたね。
あはははは

PLAY-8

人生曲線（ライフライン）Play!

生まれてから今日までの今までのあなたの人生の浮き沈みを線で表現してみましょう。

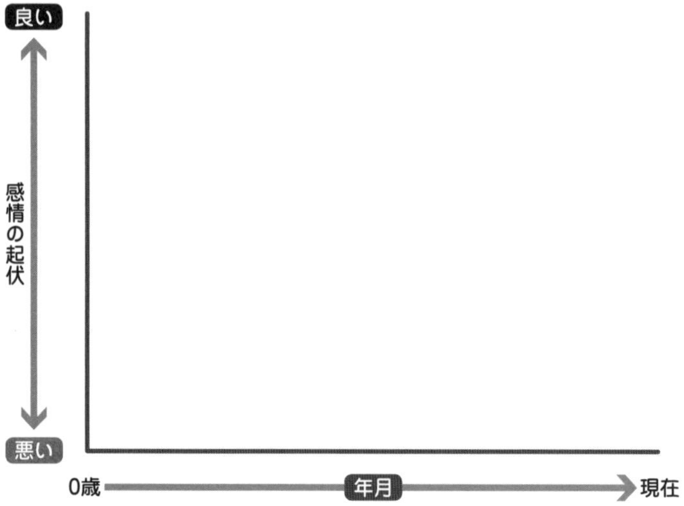

［質問］

ラインが凹んでるところで何を得ましたか？

どんな気づきがありましたか？

どんな出会いがありましたか？

どんな宝物を得ましたか？

ひすい
COLUMN

悩みは宇宙からのギフト

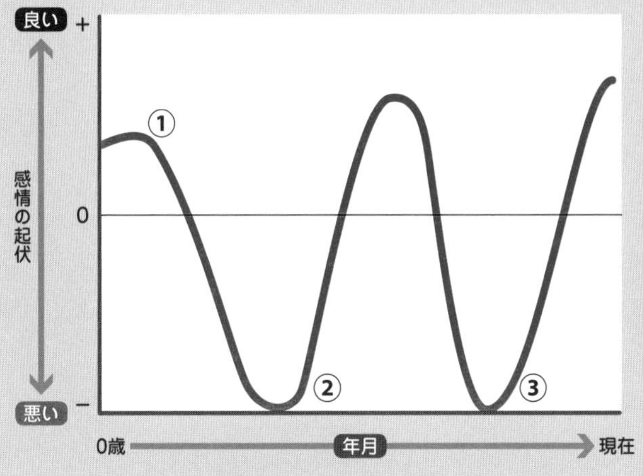

ちなみに、これがひすいこたろう、僕の「ライフライン」です。

この「ライフライン」の解説を2014年３月16日の僕の一日の出来事を通して、解説させてもらいます。

― 2014年３月16日 ―

13時から、ひすいこたろう東京・八王子講演がありました。

18歳から25歳まで７年間住んだ八王子。

僕が人生で最も苦しみ悩んだ７年間を過ごした街で初めての講演……。

赤面症でひとみしりで、女性とは目を合わすことすらできなかった孤独な時代（ライフラインでいうと②の時代）。

なんでそんなにひとみしりになったかというと、小学校のときの親の転勤による転校がきっかけです（ライフライン①）。

大学のサークルに入ると、明るいみんなとはなじめずに
端っこで一人ポツンと座っていました。すると、
「なに、さっきから怒ってるんだよ」って先輩に怒られました。
「怒ってるんじゃないんです。ただ暗いだけなんです」
うつむいたままそう答えた僕は、「ここには僕の居場所はない」とサークルを３日でやめました。

４畳半の部屋で一人暮らし。あまりに寂しくて
部屋で泣いたこともありました。
僕にとって、八王子はそんな寂しい思い出の場所でした。

そして、2014年3月16日。
ひさしぶりに、八王子駅を降りると、まだそこにくまざわ書店がありました。何度たずねたことだろう。学校帰りには毎日、本屋によりました。こんな僕を助けてくれる本はないのか、毎日探したんです。

……八王子講演10分前。
急にスタッフがあるアイデアを思いつきました。
男４人が騎馬戦を組むように僕を乗せて、
神輿のようにかつぎ、ひすいコールのなかで、壇上まで誘導しようと。
スタッフは
「いいね！　ナイスアイデア」と盛り上がっています。
（いや、まったくナイスアイデアじゃないでしょ！　と僕はつっこみた

かったんですが、内気な僕はそうとは言えず……)
そうして、ひすいコールのなか神輿のようにかつがれて僕は登場したのです。

みんなにワッショイワッショイと支えられている気恥ずかしさから、僕の体は上気して、講演開始後しばらくはずっとメガネが曇って前が見えない状態に。
慌てたスタッフが「メガネクリーナー」を壇上までもってきてくれるというハプニングとなりました(笑)

昔は、寂しくて泣いて曇ったメガネ。
いまは、みんなに支えられて恥ずかしくて曇るメガネ。

寂しく過ごした八王子に、明るい思い出を僕にプレゼントしたいと
講演なんか一度も主催したことのない読者さんが立ち上がり、
実現したこの日のイベント。
なんてありがたいんだ。

いま、僕は言えます。
神様、僕をひとみしりにしてくれてありがとう。
神様、僕を赤面症にしてくれてありがとう。
神様、僕を女性と目を合わせられないくらいシャイにしてくれてありがとう。

神様、僕に孤独で寂しい時間をプレゼントしてくれてありがとう。

だって、だからこそ、
誰よりも
どうすれば心が明るく生きられるか
僕は知りたかったから。
「知りたいんだ」「変わりたいんだ」ってこの心の叫びこそが、僕の最大の財産だったんだ。

いま、僕はこうして本を書く仕事をしています。
キミの心を明るくしたい一心で、
もう15年も書き続けている。

なんで僕が作家になれたかというと
誰よりも悩んだからです。

ちなみに、ライフラインの③は、妻と離婚したくて悩んでいたときです。
どうすれば夫婦関係がうまくいくんだろうと探してまわり、
そのときに学んだ、ものの見方、考え方で、
いまや本が50冊も書けるほどになりました。

いつの日か、振り返ったときにわかる日がくるんです。
すべての悩みはギフトであったことに。

キミとこうして出会えたのだって、悩みのおかげです。

いま、キミが何か悩んでいるとしたら、
これだけは覚えておいてください。

なんで悩むのか？
それは未来に、キミと出会う人の心に
灯りをともすためです。
そのためなら……
がんばれるよね？

今の悩みをくぐり抜けた先に、
あなたを待っている人たちがいるのです。

体はラクを求める。
心は喜びを求める。
でも、魂はラクであることも、喜びだけを求めてるわけでもない。
魂は成長を求めている。
そう、はせくらさんは教えてくれた。

悩みが、キミを光らせるのだ！
ピカピカピカ———ン。

はせくら COLUMN

悩みを科学する。「悩みは光に還るプロセス」

さて、悩みとは何かについて、さまざまなアプローチから浮き彫りにしてきましたが、そもそもいったい悩みというものの本質について、ここではちょっと科学的な観点から説明してみたいと思います。

「人はなぜ悩むのでしょうか？」
それは、私たちの体の中にある素粒子のひとつである陽電子が、

「光に還るプロセス」
を体験している最中だったのです！

例えば、ガン検査でもよく使われるPET（陽電子放射断層撮影）で説明しましょう。

PETでは、強い電磁波であるガンマ線（光子）を当てることで、プラスの電荷をもつ陽電子とマイナスの電荷をもつ電子に分かれ、対生成しては、瞬時に対消滅して、また光子となって出ていきます。

トラブルや悩みなどは、言い換えれば、ガンマ線（光子）のようなもので、そのことが起こった瞬間、光子は陽電子と電子に分かれ、消えては一対、あるいはそれ以上の光子となって通り抜けて（光に還って）いきます。このしくみのことを、因果（カルマ）の法則と呼んでいたのですね。

つまり、現象が起こっているときは、

悩みとは「見えない光(闇)」が
本来の「見える光」に戻ろうとする
働きだったのです。

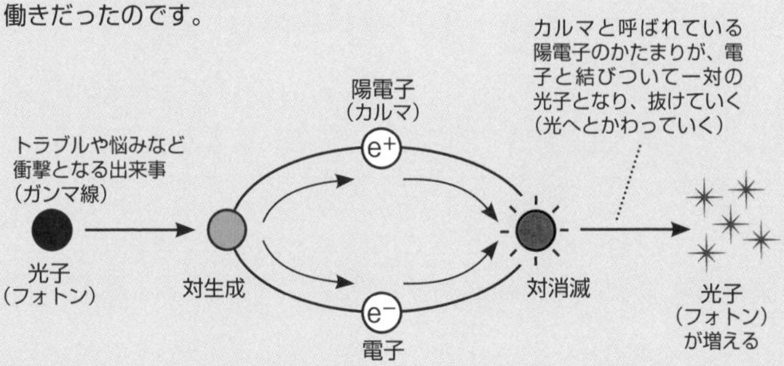

すでにそのことが
終わりかけているときであり、

起こっている＝光に還っていく様子を見ているということなのです。

何かが起きるからダメじゃなくて

再び光の世界に戻ろう（光還元しよう）とする働き、これがいろんなことが起こる背景にあるしくみであり、そのプロセスのなかで、私たちは「悩む」という行為をしていた、というわけだったのです。

ですから、悩むことは
ちっとも悪いことではありません。

悩むことで、一生懸命、光に還るプロセスを体験しているのですから。

（このしくみを知ってしまえば、特に「悩む」という行為を選択しなくても、日々、うれしい気持ちを選択することで、ますます光還元しちゃうことが「わかる」ようになり、だんだん悩まなくなってきますよ）。

そしてそれは、すべてあなたが乗り越えられる量しか現れません。

山より大きなイノシシは出ないように、

自分にとって乗り越えられないことは、決してやってきません。
表面の意識では、「いったいなんでこんなことが起こり、悩ませられるんだ〜！」と叫びたいことも、
真の自分は、「大丈夫、大丈夫。あなたはそれによってさらに素晴らしい人になっていくし、必ず乗り越えられることを知ってるよ、ガンバレー！」
と、常に応援し続けてくれているんですね。

すべてはよくなるようにできているし、
あらゆることの中に、成長と気づきの種が播かれているのです。

ですので、何があっても大丈夫。
悩んでも、怒っても、へこんでも、
天（真なる自分）は絶対、あなたを見放したりなんかしません。

あなたは、いつ、いかなるときも、守られています。
あなたは、いつ、いかなるときも、愛されています。

それが、人と宇宙（天）との関係性における真実です。

{ 乗り越えられることしか起こらない }

ひ 悩みは、光に還るプロセス。これ、衝撃でした。
例えば借金をしたという一見、辛い現象だとしても、借金というカルマが光に還り始めたってわけなんですよね？

は そうです。
起こっている出来事だけ見たら、大変なことでも、本当はそのカルマがもう終わりつつあるから、現象化しているんですよ。

ひ 「夜明け前が一番暗い」って言葉がありますけど、現象化したということは、一番暗いところが表面化したわけで、同時に夜明けが近いってこと。
風邪のいろいろな症状が出ているときがすでに治るプロセスに入っているのと一緒ですね？

は はい。そうです。
傷が治っていくときにできるカサブタみたいなものと考えてもいい。ちゃんとカサブタ時代をやりきったら、終わっちゃいます。
そこを、「なんで、私がこんなことに!?」と、いちいちカサブタはがして、掘り返す必要はないんです。

起こることは起こるし、なるものはなる。
起こったものは全部マル！

理由はいらないんです。

ただ「やる」。

乗り越えられることしか起こりませんから、安心して！

それに、

ひずみが起こるのは進化の証

でもあるのです。

創造的破壊を楽しみましょう。

ひ うわぁっ！
「理由はいらねえ、ただやる！」、「創造的破壊」って、
かっこいいな〜。
なんだか、はせくらさんがまぶしくて見えなくなってきました。

は 女性は皆、太陽です！
ピカーン！

はせくらみゆき  自己紹介

こんにちは！　はせくらみゆきです。

仕事は画家兼物書きで、３人の子のお母さんです。さて、冒頭から、悩みについて、スパスパ切り込んでいるので、さぞかし豪傑かと思うかもしれませんが、決して、初めからそんな人だったわけではありません。かつては、ちゃんと人並みに悩み、苦しんだ日々もあったんですね。

けれどもある出来事をきっかけに、いままで繰り返していた人生パターン―悩み、苦しみ、次へ進む―という成長プロセスではない方法で、人間的成長を図るということを選択したんです。そうしたら、いまではすっかり悩むことがなくなってしまいました。

ここでは自己紹介の代わりに、そのきっかけとなったエピソードを紹介したいと思います。

＊　　　＊　　　＊

今から17年前、私は脳卒中になりました。原因は過労。

引っ越しと子育て、仕事の締切が重なり、疲れが極度にたまって倒れてしまった私は、救急車で運ばれ、気がついたときには、左半身がまったく動かない状態となっていました。

しばらくは、起こった現実が受け入れられず、呆然としていました。

その日は引っ越しの前日だったので、とりあえず子供たちは、実家のある北海道に帰し、夫には予定どおり、横浜から沖縄へと引っ越

しをすませてもらい、私はひとり、病院に残ったのです。
ベッドから天井を見つめていると、次々と後悔や不安が浮かんできます。
このまま、半身不随で動かないままだったら、子育てや仕事、家事はどうなるのだろう？　と心配でたまりませんでした。

さんざん思い悩んだあげく、わかったことは、この現実をそのまま受け入れるよりほかないんだな、ということでした。

そして４日後、覚悟を決めて、これからの人生を生き切ることを決めました。まずは静かに目をつぶり、今まで頑張ってくれた自分の体に意識を向けてみました。そのときに初めて気づいたんですね。
ああ、今まで私は、自分の体をほとんどいたわっていなかったって。
がんばることが美徳とばかりに、どんなに疲れていても、「もっとがんばれー！」とムチばかり打っていたんだなと気づいたのです。

そのことを思うと申し訳なくて……。
体さん、無理させてごめんなさい。
五体満足で生んでくれたお父さん、お母さん、
ごめんなさいって言いながら、ボロボロ泣きました。

そのうちに、体の奥から熱いものがこみあげてきました。
まるで細胞一つひとつが

「それでもあなたのことが大好きなんだよ」

そう言ってくれてるみたいに。
なんともいえないその感覚が全身をまるごと包んだとき、今度は別な感情がこみあげ、涙がこぼれおちました。

それは、感謝！

今、こうして生き、生かされているということの喜びと、
こんなにも愛されていたんだという驚きで、なんとも言えない気持ちになったのです。あのときは、ただただありがたくて、泣けてしょうがありませんでした。そして、今までがんばってくれた自分の体一つひとつの部位に、心からの「ありがとう」を告げていったのです。

「脳さん、ありがとう」
「神経さん、ありがとう」……ってね。

伝えるたびに、瞳の奥で、ものすごい速さで回転する、光と色の渦が見え、いつのまにか深い眠りについてしまったのです。

翌朝、私が体験したこと——

**それは、脳卒中そのものが
消えていたという事実でした。**

半身麻痺もなくなり、手足が自由に動かせるようになっていました。
その後、いろいろな検査をしましたが異常なし。
というわけで、医者から奇跡と言われた私は、ほどなく退院できたのでした。

復帰したとき、ほんとうに体のすみずみから、喜びがあふれました。
思ったとおりに手足が動かせること、歩けること、利き手でご飯が食べられたり、字や絵が描けることがうれしくてたまりませんでした。

そのときから、

**私は後半の人生をお祭りにするぞ、
って決めたのです。**

そして、がんばるのではなく、楽しもうと思い、
これからは○○しなくちゃならないとか、
○○すべき、ではなく

**「もっと素直に心の奥の望みに従って、
魂が喜ぶことをしよう！」と宣言しました。**

気がつくと、いつのまにか本当にお祭りみたいな人生になってきて、生きるのがとてもラクになったばかりではなく、願ったことが、知らないうちに叶っていることが多くなりました。どうも、心がもつエネルギーには法則性があるようです。

それは心がそうだと決めたものは、
「膨らんでいく」という法則。

私がかつてがんばることを美徳として人生を送っていたとき、起こってくる現実は、もっとがんばれ〜、やるんだ〜、負けるな、進め一っ！　といった状況ばかりが続きました。

その後、心の奥が喜ぶことをして生きよう！
と決めて、人生を歩き始めたら、

日々の何気ない中にも幸せがいっぱい広がってることに気づき、

なんだか楽しくてたまらなくなってきました。
心の持ち方ひとつで、こんなにも変わるなんてビックリでした。

喜びのなかで生きるのだと選択する。
こう決めた瞬間から、
私の新しいステージが、ひらけていったのです。

これが、いまの自分へと続く道です。
いずれ時が来て、息をしなくなるその瞬間まで、
私たちは、この世界を喜び、怒り、悲しみ、楽しむことができます。
その一つひとつが、なんというありがたきことか。
生きているからこそ、味わえるさまざまな体験、感情、身体感覚…。

この世界で体験することのできるすべてを、
味わい、楽しみ、生き切る！

ただ、そう決めただけです。

読んでくださって、ありがとうございます。
さあ、次からは、「いま、ここ」を味わい楽しむコツが始まります。
ゆるーりリラックスして、引き続きお楽しみください。

STEP
2

現在、いま、
ここを味わおう

Today is gift
that is why it is called present.

PLAY-1

不幸の根本原因を取り去るPlay!

まずは、みなさんに質問があります。

「お金がない」
と思ってる人は右手をあげてください。

「自由がない」
と思ってる人は左手をあげてください。

「時間がない」
と思ってる人はウインクしてください。

「休みがない」
と思ってる人は頭をかいてください。

「愛されてない」
と思ってる人はおじぎをしてください。

「運動不足だ」

と思ってる人は親指をつきだしてください。

「才能がない」

と思ってる人は頭をポリポリかいてください。

「イケメン度が足りない。
かわいさが足りない」

と思ってる人はアインシュタインのように
ベロを出してください。

さあ、全部当て
はまっちゃった
そこのキミ。

そんな正直な
あなたが
大好きです(笑)

ひすい COLUMN ないない教からの脱出

最近、僕が感じたことです。

新幹線で大阪に向かうときのこと。
原稿の締切前に、読まなきゃいけない本があって、
「時間がない、時間がない」って焦っていたんです。
でも、そんなときに、ふと新幹線の窓から差し込んでくる太陽の日差しが、とってもあったかいことに気づいたんです。

そのときにハッとしました。

「時間がない」「時間がない」って焦ってたけど、
そんなときでも、太陽のあったかい日差しは

「あるんだよな！」って。

「ない」ばっかり見てたけど
「ある」んだよなって。

「もう、あるんだよ！」
「もう、大事なものはすべてあるんだよ」
そう思ったら、心もふわっとあったかくなって
こんなふうにみんなで感じられたら、
それだけで地球が変わるよなって思えたんです。

僕らはいつも

お金がない

自由がない

時間がない

休みがない

愛されてない

才能がない

運動不足

……ないないない

ないないないって思っている。

まるで、ないない教の信者のように。

「ない」とこばかり見てるから「ない」んです。

「ない」と思ってるから「ない」んです。

「ない」とこばかり見たのでは、

この先、何を得ても「ない」「ない」と思いながら

人生を過ごすことになる。

韓国の賢者、イ・ギュギョンさんは、

それをこう表現しています。

「正しい金持ちは1持っていれば、10持っていると思う人。

正しい貧乏人は10持っていても、1しか持っていないと思う人」

考えてみれば、僕らの部屋には
暖房があり、冷房があり、冷蔵庫があり、テレビがあり、
もう、天下統一を果たした徳川家康よりも快適な暮らしをしてるんですもん。

一度立ち止まって考えてみてほしいんです。
「ほんとうにないのか？」と。

だって、こんなステキな本まであるんです！（笑）
もう、あるものばっかり。

昔の人たちは、会いたい人とおしゃべりするには、
その人のところまで歩いていかなければいけなかったんです。
電車だってないし、車もないし、自転車だってない。
でも、いまの僕らは、メールもあるし電話もあるし飛行機だってある。
それにもかかわらず時間がないってどういうことでしょう。

一度立ち止まって考えてみてほしいんです。
「ほんとうにないのか？」と。

ほんとうにない？

出典■『おなかがすいたらごはんたべるんだ』イ・ギュギョン 黒田福美訳（ポプラ社）

ないもの
以外は
すべてある!

——by ラーメンマン

出典■「キン肉マン」

PLAY-2

いますぐ幸せになるPlay!

いま持っているもので、これを失ったら、この人を失ったら、
私はドン底まで嘆き悲しむだろうというものを
３つあげてください。

その３つをすべて失ったと想像してみてください。

でも、その３つがいま、

「**ある**」わけですよね？

一番大切なものは、
すでにあるんです。

この幸せものッ！

足りないところを見たら、人は
３秒で不幸になれます。

しかし、足りているところを見たら
３秒で幸せになれるんだ。

幸せはなるものではなく、気づくものだから。

はせくら
COLUMN

私たちは「思い込み」(信念)というメガネで「現実」を見ている

私たちは、こうであるという思い込み(信念)のメガネを通して世界と出会っています。

例えば、「いいことのあとには悪いことがある」という思い込み(信念)があれば、いいことのあとに、悪いことへ意識のフォーカスが向くので、「悪いこと」の起こる確率が増えるのです。
「男って裏切るものよ」と思っていたら、裏切る男ばかりをいつのまにか選ぶようになるんです。

だから、より自由にラクに生きたいなら、無意識のなかにある自分の「思い込み」(信念)に気づく必要があります。

どういうことか、私自身の経験で具体的にお話ししますね。

息子が不登校だったときの話です。
毎朝、欠席の連絡を学校に入れるのですが、それがけっこう辛くて……。
いくら明るく振る舞おうとしても気持ちが重く、晴れないんです。さまざまな感情が渦巻く中、しばらくしてから、なぜ、私はこんな気持ちになるのだろうと自分の内面深く見つめてみることにしました。
すると、ある日、自らがいだいている「信念」に気づいたんです。
それは「子供とは学校に毎日行くものである」という信念でした。
親からもそう教えられたし、疑うことなく、そうあるべきと決め込んでいたのでした。子供の不登校は、その信念が崩されかねない出来事だったので、私のエゴちゃん（自我）が激しく抵抗しているのだということがわかりました。

そして、我が子が生まれたときのことまで、じっくりと振り返ってみることにしたんです。すると、子供が生まれたとき、私は両腕でしっかりと抱きしめながら、「どうぞこの子が、すこやかで楽しく、幸せな人生を歩んでいけますように……」と願いながらお乳をふくませていた日のことを思い出しました。
そのことを思い出したら、なんだか泣けてきちゃって……。
学校へ行かなくても、彼が彼として彼らしい人生を歩めばいいやって。
自分のエゴの望みに合わせるのではなく、彼のいのちのリズムに合わせよう、って思えるようになったのです。

「気づく」ということは
とても素晴らしい錬金術だと思いました。

「ああ、私にはこういう考え方があったんだな」と否定も肯定もせず、ただそのままを認めました。
やったことはそれだけだったのですが、その後、驚くほど心が静かになり、たんたんと現実の対処ができるようになりました。

思い込み（信念）は、自分の心と一体化してるので、普段はその存在にすら気づけません。

しかし、心にひっかかりがあるとき、感情が揺さぶられるときは、実は、素晴らしい気づきのチャンスが訪れているときなのです。
「ねばならない」「こうすべき」「こういうものである」「こうに違いない」といった自分を不自由にさせている信念、思い込みの制限ブロック（エゴ・ブロック）に気づくチャンスなのです。

そのことに気づくことで、あなたはより自由になり、
愛や喜び、豊かさをこの世界に表現しやすくなります。

「思い込み（とらわれ、信念）」の手放し方をまとめましょう。

STEP ❶ 問題が起こったときに、どのような感情が生まれるのかを、静かに感じてみる。

STEP ❷ 出てきた感情を「なぜそう思う？」と問い続け、感情の元となっている信念や思い込みを見つける。

STEP ❸ 信念や思い込みがあることを、ただそのまま認める。

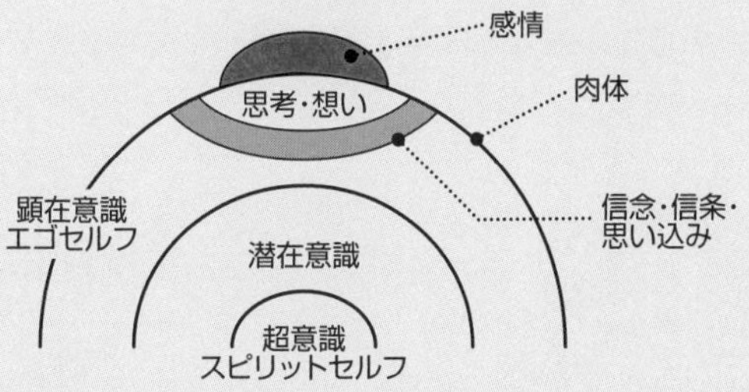

★信念って何？

信念とは、３層ある意識のうち、自分が自分であると思っている表面の顕在意識の中にある、思い入れの強い想念のことです。私たちは、信念、思い込みにそって思考活動をし、それが肉体表面に表れると「感情」となって外に出ます。つまり「信念、思い込み」➡「思考」➡「感情」という順番です。ですので、何か感情が表れたときは、その下にどんな思いがあるのか、どんな信念、思い込みが突き動かしたのかに気づくことにより、「信念」といった強いエゴブロックを解体し、さらに自由な意識のソースからの現実創造ができるようになります。そうして、私たちは次のステージへ確実に進むことができるのです。

PLAY-3

「信念」書き換えPlay!

あなたが

「ねばならない」「こうすべき」

「こういうものである」「こうに違いない」

と思っていることはなんでしょう？

嫌な感情の裏側には、このネガティブな信念が隠れています。
ここでは自分の信念体系を書き出し、書き換えてしまいましょう。

❶信念体系

私とは？ →

暮らしとは？ →

人生とは？ →

男とは？ →

女とは？ →

学校とは？ →

悩みとは？ →

お金とは？ →

愛とは？ →

［❶例］

❶いいことのあとには悪いことが起きる。

❷努力しないとむくわれない。

❸よいことばかりは続かない。

❹愛とはきまぐれなものだ。

❺年を取ると老化する。

❻人生苦楽あり。

❼お金とは恐ろしいものである。

❽いつも謙虚でなくてはいけない。

などなど

➔

［❷書き換え例］

❶いいことのあとにはますますいいことが起こる。

❷努力よりワクワクで、叶っちゃう。

❸現実はあっさり、変わる。

❹愛はやすらぎ。

❺年を取るほどパワフルになる。

❻人生楽々！

❼お金とは素敵な楽しいものである。

❽謙虚や傲慢より、ありのままの自分でいる。

などなど

❷書き換え

➔

➔

➔

➔

➔

➔

➔

➔

➔

自分の信念に気づくということ。
それは、あなたの新しい幕が開いたということ。

信念
あけまして
おめでとう
ございます。

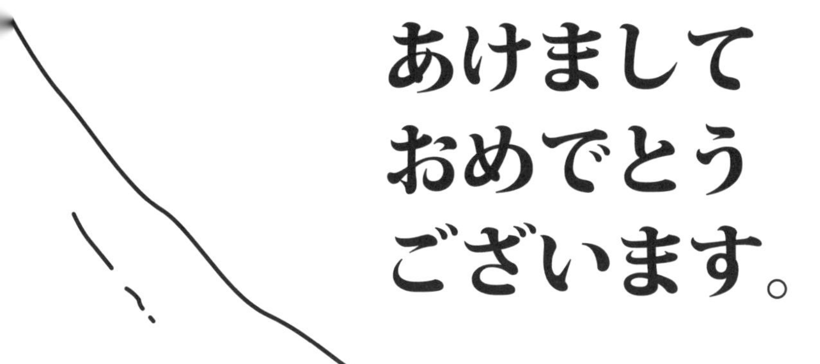

{ お金に関する負の信念を書き換える }

ひ お金に対してどんな信念、思い込みをもってるかを一度見つめてみるのも大事ですよね。
僕の場合は、「お金は汚いから触ったら手をよく洗うように」と親から育てられたから、お金に対してネガティブな観念がけっこう刷り込まれてたようで、お金を受け取るのに抵抗感があったんです。
でも、ある方が「お金は、あなたの応援団。喜んでくれた人の拍手の総量」と言ってくれたときに、すごく腑に落ちてお金に対する認識が変わりました。
もうひとつ、しびれたのは、はせくらさんが『チェンジマネー』という本で書いた言葉。
「お金とは、つまるところあなたのいのちそのものです。お金とあなたの関係性は、いのちをどう表し、使いたいのかというあなたのいのちの報告書なのです」って。
お金は「いのちの報告書」だなんて、ガツーンときましたね。

は お金は私たちが満ち足りて豊かに暮らすための、素晴らしい道具です。お金に対する負の思い込みを解き放つだけで、驚くほど現実も変わります。
ぜひ次のワークをやってみてください。

PLAY-4

お金持ちPlay!

いま、あなたの目の前に100万円が入っている封筒があります。封筒には「全部、自由に使ってください」と書いてあります。
さあ、何に使いますか?
下記に明細を書き出してみてください。

代　円

代　円

代　円

代　円

代　円

やり方としては、何に対して何万円というふうに分けていくほうがやりやすいと思います。でも、できれば何かの支払いにとか、とりあえず貯金でも、という使い方はやめて、自分がこう使うと、ワクワクするかも!　というふうなところにお金を充ててみてください。

さて、どうなりましたか?

このワークは、書いたら終わりではありません。実際にトライしてみるのです。
えっ？　でも百万円なんてないし……。
大丈夫です。
それを百分の一の1万円、もしそれでもキツい人は、その千分の一の千円にして、その金額を振り分けてみて、該当するなぁとか似ているなぁというモノやコトに対してお金を投資してみるのです。
そうすると、きっととてもハッピーな気持ちになると思います。
あとはイメージで、フーッと息を吹きかけて……もこもこふくらませ、拡大させ、100万円まで増やしてしまいましょう！

さらに、このワーク、続きがあります。
実は、100万円封筒が、今日も、次の日も、またまた次の日もやってくるんです。
しかも貯金なんかしちゃだめだというし……、もう、まいっちゃう。
そしてとうとう半年がすぎちゃった、と思ってください。

どうします？　なんでもできちゃいますよー。
そのときのあなたは、何をしていますか？
どんな服を着て、
どこにいて、
何をやりたくて、
どんなふうな暮らしをしていますか？
そのときの空気や質感、会話や食べ物、場所や人、モノ……、
それをありありとイメージしてください。

そして、イメージの中で、再び自分に問いかけてみましょう。
今、自分は何が欲しい?　と。

……この感覚が、
お金持ちの次元です。

物質的なものが飽和して、もういいわーという、ギスギスしていないゆとりのある場所にいま、あなたはいます。

さて、いまの心の状態はどんな感じですか?
苦しい?　不安?　満たされている?

Are you happy?
……Yes!

すでに叶った未来から行動すること。
ハッピーな気持ちを選んでみること。

この積み重ねを通して、
物も心も豊かになっている世界を、わくわく引き寄せましょうね。

PLAY-5

「氏名」から「使命」を紐解くPlay!

あなたの**名前は祈りの結晶**です。

あなたの名前には、お父さん、お母さんをはじめ、まわりの人や、
おじいちゃん、おばあちゃん、ご先祖さまにいたるまで、
たくさんの人の祈りと願いが託されています。
それは最高に素晴らしい、あなた専用の、幸せを呼ぶマントラ(真言)だったのです。

さあ、これから、あなたの名前が持つ、音の中に込められた、秘めたる意味を、明かしていきましょう。
表を見て、自分の名前が持っている音を一音ずつ、変換して、書いてみましょう。

●自分の名前をひらがなで書きましょう。

●自分の名前の音の意味を書きましょう。

[例] ひすいこたろう―スピリット・根源・光・完成する・行動・スペース・ワンネス
はせくらみゆき―はじける・受容・くくる・渦・本質・湧き上がる・エネルギー

おとひめカード50音表［ワンワード訳］

One Ward（象徴語）―― 音がもつ代表的な量子の波を一音でシンボル化したもの

な	た	さ	か	あ
Core（核）	Action（行動）	Activation（活性化）	Power（力）	Love（愛）
に	ち	し	き	い
Trust（信頼）	Strong（強い）	Unity（統一）	Energy（エネルギー）	Light（光）
ぬ	つ	す	く	う
Break through（突き抜ける）	Gather（集う）	Origin（根源）	Tie up（くくる）	Oneness（生まれる・ワンネス）
ね	て	せ	け	え
Charge（充電）	Light up（照らし出す）	Accept（受け入れる）	Release（放つ）	Evolution（進化）
の	と	そ	こ	お
Overlook（見渡す）	Integration（統合）	Upward（上昇）	Complete（完成する）	Bonds（絆）

ん	わ	ら	や	ま	は
Universe（宇宙）	Harmony（調和）	Vortex（渦）	Full（満たされた）	Center（中心）	Burst（はじける）
	ゐ	り		み	ひ
	Being（存在）	Fly（飛翔）		Essence（本質）	Spirit（スピリット）
		る	ゆ	む	ふ
		Circle（輪・円）	Well up（湧き上がる）	Birth（生まれる）	Increase（増殖）
	ゑ	れ		め	へ
	Reach（届く）	Go out（外へ出る）		Intention（意思）	Vibration（振動）
	を	ろ	よ	も	ほ
	Power up（パワーアップ）	Space（スペース）	New（新しい）	Expand（拡大する）	Rise（立ち昇る）

前頁の表は、はせくらが開発した日本語再発見創造ツール「おとひめカード」の中に入っている、おとひめ翻訳（ワンワード訳）というものです。これは、一文字ずつの音の意味を、一言で表したものです。

私たちは、無意識のうちに、いろんな音を重ね合わせて、言葉を創っていますが、実は、一音一音の中に、深い意味が託されていたんですね。
意味というのは、人間が、いままで、どんな現象を見て、どの音を発声していたかということです。実は、そんな音の人類史のようなものが、日本語の中には、そのまま刻み込まれ、残っていたんです。実際は、一音の中に、豊かな語感や多様性が含まれていました。
（その中にある代表的なものを一音で表したものが、ワンワード訳です）。
日本語というのは、自然発生音がベースになっていて、事象をそのまま、音の連なりである言葉にして表しています。ですので、日本語五十音の音の中にある意味の一つひとつを紐解くことで、音と現象との関係性がわかり、その結果、つけられた名前が持っている本質的な意味が、理解できるようになるのです。
つまり、あなたの名前から放たれている音の響き……それは、あなたがすでに持っている得意な資質（得意分野）が表されたものであり、同時に、あなたといういのちが、この世界にやってきて、やりたかった使命とも、つながっている！　というわけです。
ではもっと詳しく、見てみましょう。
たとえば、ひすいさんの名、こたろうは、
（こ）＝完成する　（た）＝行動　（ろ）＝スペース　（う）＝ワンネス

ですから、これをひとつの言葉になるようにつなげると、
「完成に向かって行動し、空間をつくりながら、ワンネス（一体感・ひとつ）を表していく人」というようになります。
うーん！　なるほど、ですね。
また、私の名、みゆきは、
（み）＝ 本質　（ゆ）＝ 湧き上がる　（き）＝ エネルギー
ですので、「本質から湧き上がって、エネルギーを表す人」というふうになります。

こんなふうに、いろいろな人の名前を変換してみると、いくつもの面白い発見がありますよ！
なお、ファーストネームが個人の使命や資質に関連するのに対して、苗字のほうは、ファミリーや家系としての使命や資質と関連しています。女性は結婚したら変わることが多いのですが、それはどういうことかというと、独身時代と果たす役割やテーマが変わっていくことを意味しています。けれども、ベースにはもともとの名前があるので、「一粒で二度おいしい人生」!?　を味わえるということなのかもしれませんね。

あなたの名前　祈りの結晶
それは、あなたの大切な人たちから贈られた、
あなたの幸せを呼ぶマントラです。
幸多かれと願い、祈り、思いを込めてつけられた
あなたの名前　聖なる響き。

おかあさん、産んでくれて、ありがとうね。

さて、この翻訳法、実は、人の名前だけじゃなくて、モノやコト、名前がついているものならなんでも訳すことができるんですね。

とはいっても、本質的な意味の翻訳ということになりますが。

いくつか練習してみましょう。

名　前 ➡（な）＝核　（ま）＝中心　（え）＝進化

「核の中心から進化をもたらすもの」

あなた ➡（あ）＝愛　（な）＝核　（た）＝行動

「愛の核が行動となった人のこと」

いいね ➡（い）＝光　（い）＝光　（ね）＝充電

「光り輝き充電するさま」

すてき ➡（す）＝根源　（て）＝照らし出す　（き）＝エネルギー

「根源から照らし出されるエネルギーのこと」

わくわく➡（わ）＝調和　（く）＝くくる　（わ）＝調和　（く）＝くくる

「調和がいっぱい、くくられていくさま」

あなたもやってみよう！

●言葉　➔　●意味

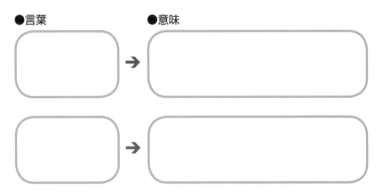

なぜこんなことが、わかってしまうのかというと、音素が持つ量子場的な振動の様子を言葉に置き換えて、表しているからなんです。
すべてのものは、極微までつきつめると、量子的な波の運動になっていきます。それは、モノであれ、コトであれ概念であっても同じです。

つまり、対象物が放っている量子的な波を、人間が無意識に受け取り、声という振動に変えて、つなげたものが言葉だった、というわけ。
なので、逆を言えば、言葉となって連なっている音の性質を一つひとつ、紐解くことで、本質的な意味がわかってしまう、ということなんです。
ぜひ、いろいろとやってみてくださいね。

最後にひとつ、とてもうれしくなる情報をお伝えします。

言葉の向こうにある、本質的な意味を知ることと、
本質的な意味を知って、言葉を発することをやり始めると、

実は、びっくりするぐらい、**現象化が加速**します。

日本語50音に秘められた音の秘密を知ること、それは
パワフルな引き寄せツールを手に入れた
ということです。

さあ、言葉を通して、素晴らしい現実を創っていってくださいね。

[おとひめ翻訳（ワンワード訳）のやり方]

- かなが並んでいる順番にそって、訳していってください。
- 濁音や小さい音、破裂音などは、とりあえず無視して、通常の五十音に直して、当てはめてください（実際は細かく分かれていますが、最初は、それで大丈夫です）。
- 「ん」は、前の音を強める強調で「とても」と訳してもＯＫです。
- 日本語以外の言語も日本語読みの五十音に直して、やってみましょう。

おまけ１

ありがとう　＝　愛が飛躍して力となって統合され、生まれていくこと。

サンキュー　＝　強く活性化したエネルギーが湧きあがること。

愛してる　＝　愛が光となって統一され、照らし出されながら輪となること。

おまけ 2

子供用に開発したチャイルド訳もあります。こちらでも訳して遊んでね。

おとひめカード50音表［チャイルド訳］

な	た	さ	か	あ
なかよし	たくさん	げんきな	パワフル	ありがとう あいしてる
に	ち	し	き	い
くふう	ちから	しずまる	エネルギー	いきいき
ぬ	つ	す	く	う
ぬる つきぬける	つどう	すすむ	くくる	うれしい うまれる
ね	て	せ	け	え
ねっこ	てらす	いそぐ	あらわれる	えがお
の	と	そ	こ	お
つなぐ	まとまる	そりあがる	できあがる	たいせつ

ん	わ	ら	や	ま	は
とても	だいすき	ひらかれている	いっぱい	まんなか	はじける
	ゐ	り		み	ひ
	いる	とぶ		やさしい	おひさま
		る	ゆ	む	ふ
		とどまる	わきだす	うまれる	ふえる
	ゑ	れ		め	へ
	ゆるむ	はなれる		かわいい	つたわる
	を	ろ	よ	も	ほ
	つよめる すごい	かわる	なかま あたらしい	もこもこ もりもり	たちのぼる

★もっと知りたい方は、音の解体新書「おとひめカード」で学んでください。なお、実際の翻訳法は、掲載しているワンワード訳のほかにも、世界中の言語の本質的な訳もできる訳法などもあります。

PLAY-6

ご先祖さまPlay!

はせくらさんが先ほど言われた「名前は祈りの結晶」というのをしっかりここで味わってみましょう。

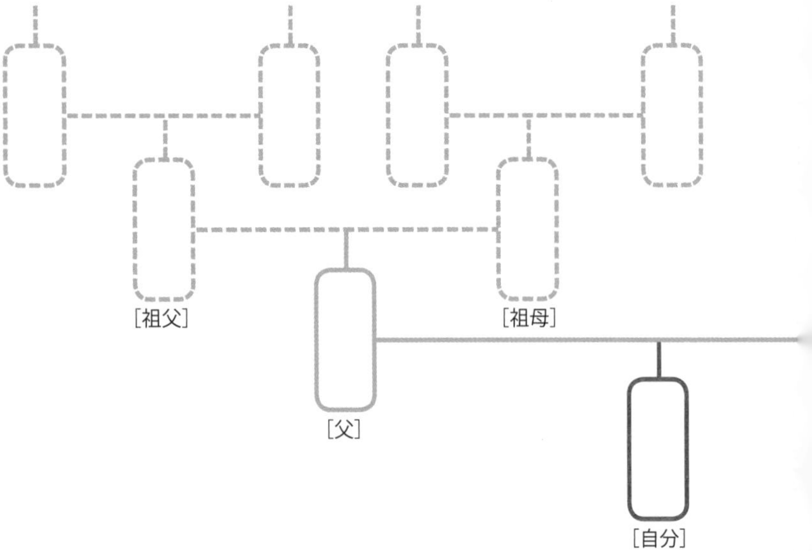

一番下の中心にあなたの名前を書き、その上に、ご両親の名前を書き、さらに上に、おじいちゃん、おばあちゃんの名前を書き入れてください。そして名前がわからなくても、ワクだけ書いて上へ上へとご先祖をたぐって書いてみてください。どれくらいのご先祖さまがあなたの命につながっているか、書くことで体感してください。

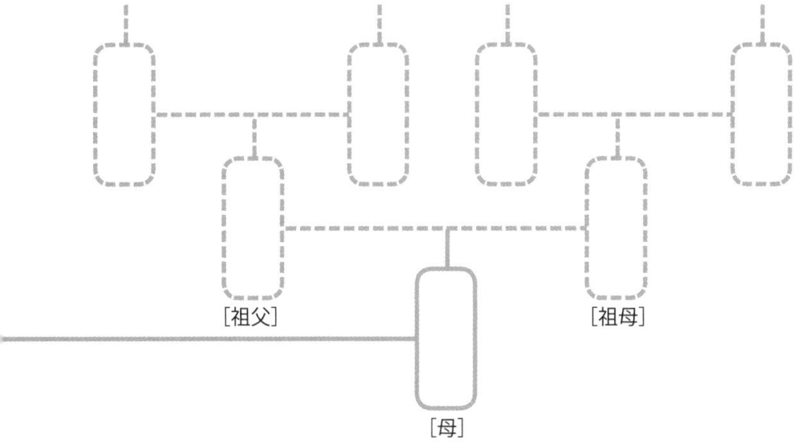

{ いのちのバトンリレー }

10世代前にさかのぼると、西暦1600年(江戸時代に入ったころ)になるのですが、それだけで、あなたのご先祖さまは1024人にもなります。

わずか20代さかのぼるだけでも、ご先祖さまは100万人です。

あなたのその手、その足、その髪、その血。
あなたの存在はこれだけの過去の先祖たちから受け継がれてきたものなのです。

この100万人、誰一人欠けてもいまのあなたはいない。
100万人をはるかに超える奇跡の連鎖で生まれたのが、あなたです。
つまり、あなたは奇跡の人です。

剣道で、胴のすぐ下の「垂れ」と呼ばれる部分には、剣士の名前が書いてあります。「名前」という文字のとおり、「名」を「前」にかかげるんです。
これは先祖の名にかけて、卑怯なことは一切致しませんという誓いを意味しています。剣道という「道」は、受け継がれてきた命の結晶である名前に誇りをもつことから始まるんです。

もっと自分を信じていいんです。
だって、あなたのなかには100万人以上のご先祖さまたちの知恵があるのですから。
くじけそうなときは、自分の体を優しくなでてあげてください。
あなたは一人じゃない。
だって、あなたの細胞は、髪の毛一本にいたるまで人類の叡智のカタマリなんですから。

日本最古の歴史書「古事記」によると、僕らの祖先は神様につながっています。つまり、出発点は神様になります。

そして、神様から始まった、命のバトンリレーの最先端にいるのは、**あなたです！**

オセロで考えれば、スタートは神様ですから「白」です。
もし、あなたが自分の人生を幸せに生きることができたら、
過去のご先祖さまたちの人生がすべて報われることになるんです。

途中、思いなかばで亡くなったご先祖さまがいたとしても、
あなたが、あなたの命を輝かせて「白」になれば、
出発点も「白」ですから、間の「黒」がパタパタと「白」にひっくりかえっていく。
100万人以上のすべてのご先祖さまたちの命を光り輝く白に反転させていくことができるんです。

あなたはすべての先祖に応援された
宇宙の最先端にいる輝ける命です。
だから僕からキミに贈ります。「キミの命に、おめでとう！」

ひすい
COLUMN

癒しの本質

ある心理学者のこんな実験があります。
心に深い傷（トラウマ）を負った人たちのなかで、そのトラウマを乗り越えた人たちと、まだ乗り越えていない人たちで、トラウマとなった出来事を思い出したときに、記憶に何か違いはあるのだろうかと調べたのです。

たとえば、親との関係に何かトラウマがあったとします。
その際に、トラウマをすでに乗り越えた人は、その記憶を思い出した際に、イメージの中に、「親」と「自分」がいました。
一方まだ乗り越えてない人が回想した場合は、「親」しか出てこなかったというのです。
トラウマを乗り越えた人たちは、回想した際に、自分が登場する。
一方、乗り越えてない人たちは、回想した際に、自分はそこにいない。

この違いは何を意味してるのかわかりますか？

回想シーンに自分が登場するということは、
自分を客観視できているということ。

自分が登場しないということは、トラウマがまだ現実のままなんです。
現実の視点では、自分は見えないので、自分は登場しないわけですから。

この実験でわかったことは、

自分を客観的に見れるこの視線こそ、自分を癒す力になるということです。

なぜなら、起きる出来事、湧き上る感情、思考
それらを見ている意識こそ
あなたの**「いのちの視線」**だからです。

自分の人生を観客席から
映画でも見るかのように眺め、味わえばいいのです。
それが「いのちの視線」です。

喜劇王チャップリンはこんな名言を残しています。
「人生はクローズアップで見れば悲劇だが、
ロングショットで見れば喜劇だ」。
観客席から眺めるように自分の人生を俯《ふ》瞰《かん》で見られたら、
いつだって喜劇を楽しめるってことです。
さて、これから主人公・自分の出世作品のはじまり、はじまり──。
あらゆる困難、トラウマはハッピーエンドの伏線です。

この客観視について、はせくらさんにも解説いただきましょう。

はせくら COLUMN あなたの正体は意識

あなたとは、
「肉体」ではなく、
「感情」でもなく、
「思考」や「信念」でもなく、
あなたを通して起こる「出来事」でもありません。

ではあなたとは何か？

あなたはそれを見ている
意識そのもの、
大いなるいのちそのものです。
あなたとは、あなたの心と体と出来事を通して、
それらすべてを観察している意識そのものなのです。

私たちが余計なこだわりや思い込みを手放し、素直でありのままの自分を取り戻すたびに、宇宙の叡智があなたの中に流れ込み、ますますラッキーで素晴らしい人生が展開されていく、というしくみになっています。

エゴセルフ（表面意識）だけが自分ではないことに気づくこと、
「いのち」が体に入って、
すべてを観察して遊んでいること、
私の正体は「意識」であると知ること、

自分の心に巣食っている思い込み―信念を見つめて、
手放すこと。

これらのひとつひとつを体ごと感じていくのが、
エネルギーシフトです。

「いのち」というのは本来、生まれることもなく死ぬこともなく、次元を超えて永遠の旅を続けています。
そして、いま、「いのち」があなたという人の体に宿って、心と体とあなたの歩み―人生を通して、いのちの輝きを表現しているのです。
だから、あなたは霊留《ひと》（スピリットが留まっているもの）なのです。

つまり、「自分」=「感情」ではないので、
たとえ感情がどんなにざわめこうとも、その感情をいま、味わっているんだなと観察している自分の心も見えるので、感情の海に溺れにくくなります。

同時に、「自分」=「出来事」でもないので、
自分の人生に起こる出来事は出来事として、いいも悪いもなく、冷静に見られるようになります。

すると、人生にくっついてくるもの
――地位や名誉、名声、学歴、家柄、財産、仕事、恋愛体験……

それらすべては、後付けのオプションであり、人生のいろどりを加える単なる付属物であることがわかるのです。
ですので、たとえそれらがなかったり、あるいは失ったりしたとしても、それは、いのちであるあなた自身にとっては、それも観察対象の一部であり、本質的には、なんら関係のないことだったのです。

いのちは、あなたを通して、冒険の旅に出ています。
本当にそれは、ワクワクする一期一会の旅なのです。

いのちの旅に、乾杯。

STEP
3

「未来」にときめく

Tomorrow is mystery.

{ 夢は叶えるものじゃなくて、叶うもの！ }

ひ はせくらさんは何か叶えたい夢はありますか？

は うーん。どうだろう？

絶対に叶ってほしいとかそんなのってないなー。

だって夢は叶えるものじゃなくて、
『叶う』ものだし。

ひ おおおおお！！！！　言ってみたいセリフ（笑）

は ほんとうは夢は叶うよりも、「なる」もので、

もっと言えば

「なる」っていうよりも「ある」もの

なんです。すでにパラレルな未来では。

ひ パラレルワールドって、『ドラえもん』のマンガで読んだことはあるんですけど、よくわからなくて。

は じゃあ、一言でいいましょう。

夢はアッサリ叶う！

これがパラレルワールドの真実です。

ひ　ワー！（笑）

は　ほんとうは

すべてはアッサリ、うまくいくんです。

ひ　はせくらさんに言われると、ほんとうにそんな気がしてくるから不思議です。

は　だって、ほんとうのことですから。

ひ　でも、僕らは、努力しないとうまくいかないって思い込んじゃってますよね？

は　だから、そういう現実を創造することになるんです。日本人は、とくに努力が趣味ですから。

ひ　それも趣味なんだ、やっぱり（笑）。

は　それよりも、「ワクワクしてたら、うまくいく」って現実に切り替えたほうが楽しくない？

ひ　ダンゼン、そのほうがいいです。そういえば、僕も作家になる夢は案外アッサリ叶ったんです。自分にはムリだって思ってたときは叶わなかったんですが、ベストセラー作家の友達ができて、一緒に電車に乗っていたら、彼が電車のちょっとした揺れで大きく揺れてコケそうになったことがあったんです。
ベストセラー作家って、この程度の電車の揺れでコケそうになるんだって（笑）。それなら僕にもできそうだなって思ったら、そこから１年後になれたんです。

は はははは。でも、ほんとそのとおり。自分が思っているとおりになる。夢を叶えるなんて「ムリだ」「難しい」と思っているからそのとおりになっているだけなんです。信じる限界が現れる限界なんです。ちなみに、ひすいさんの夢は？

ひ 自己啓発の分野の書籍としては累計100万部を越えたので、次なる夢は、書籍では届かない人たちにも、メッセージが届くような表現活動に挑戦してみたいなと。
たとえば、うちのかみさんは本を読まないので、僕の本も一切読まないんですね（笑）。でも、かみさんはドラマや映画は好きなんです。だから、今度は、かみさんが見てくれるようなドラマや映画になるような原作本を書いてみたいです。

は それはいつまでに叶っていてほしい？

ひ う〜ん。2023年くらいかな。

は それが叶っているシチュエーションはどんな場所？
そこには誰がいて、なんと言われてる？

ひ えっと、まず、有楽町マリオンの映画館TOHOシネマズ日劇に、僕が原作の映画を家族で見に行ってます。

は 具体的でいいですね。

ひ なんで有楽町かというと、映画が終わったあと、築地のお寿司屋さんに行きたいからなんですが、そこで娘がこう言うんです。

「とおちゃんって天才だったんだね！」

それに対して、僕はポリポリ頭をかきながら、こう返します。

「バレた？」(笑)

息子のほうはこう言います。「とおちゃん、あそこでめっちゃ笑ったよ！　お腹いたかったもん」

そして最後に、妻がぼそっと照れながらこう言うんです。

「あんたもなかなかやるじゃん！」

僕は静かにうなずき、こう返します。

「大トロおかわり」(笑)。

は **ははは。そのとき、どんな気持ち？**

ひ 「神様、僕が僕でいてくれてありがとう。すべての人にありがとう。わ――い。わ――い」って気持ちかな。とにかく感謝の気持ちです。

は **その未来では、どんなふうに**

行動し暮らしている？

ひ やっぱり、あいかわらず楽しそうに書いてますね。まあ、僕は書くことが何より好きなので、いま、こうして本が書けていることがすでにウルトラハッピーなんですけどね。

は そうそう。それくらいがいいんです。「絶対に叶えねば」と執着しちゃうと、ネバネバしちゃって、現実化の速度がとたんに遅くなってしまう。

ひ ちなみに、執着しちゃった場合は、どうすればいいですか？

は「私、夢に執着しちゃってますけど、それが何か？」って。

ひ やっぱり、またそれだ！（笑）

は 認めるのが基本です。ネバネバは重いけど、執着してることを認めた瞬間に軽くなるから。

ひ 「夢を叶えるなんてムリー」って自分を信じきれないときや、不安や心配、恐れが出たときはどうすればいいでしょう？

は 「どうせムリ」と言ってる私がいる。「できないと思う」と言っている私がいる。とクールな視線で不安や恐れを感じてる自分を客観的に見るんです。で、そのあとにこうつぶやきます。

「ふーん、で、それで？」

ひ　でたッー！
「それが何か？」に続く第二弾、
「ふーん、で、それで？」（笑）

は　不安はつかむから膨らむんです。だから、不安になるのは当たり前って考えて、不安や恐れは認めた上で、あえて何もしないという選択をする。すると、その感情はしだいにしぼんで小さくなっていきます。

ひ　どこまでも、ありのままにまず認める、受け止めるって大事なんだなー。

は　最後は、「なるようになりますように」、
「すべて内なる叡智にゆだねます」って
唱えると、自分の心がストンと
落ち着くところに落ち着きます。

あとは夢を叶えるために、普段から、いい気分でいる時間を増やすことです。日常のなかのちょっとした楽しいこと、うれしいことを見つけるんです。

ひ　あ、それわかります。僕は、朝起きたら、まず40分くらい半身浴をするんです。で、ぼーっと写真がきれいな雑誌とかパラパラ見ていると、すっかり朝から、いい気分になれるんです。すると、すんごくいろんなことがひらめく。「オレは天才か？」ってくらい。
たまに自分のサインがほしくなるときがあります（笑）。

は あはは。

ひ あと、ちょっとしたご褒美をよく自分に与えますね。締め切りを乗り越えたら、１冊2000円もするノートを自分にプレゼントしたり（笑）、すると、さらにまたいい気分になれます。

は いい気分で、夢をありありと描いたら、その未来を生きると決める。すると、未来からいまに向かって風が吹いてくるから、あとは、目の前に起きることをひとつひとつ丁寧にやっていくだけで、その未来に辿り着けるのよ。

ではその限界をとっぱらって、こんなのが叶っていたら、
うれしいなーというのを次の「play !」で書いてもらいましょうか。

PLAY-1

夢アリアリPlay!

すべての創造（クリエーション）は、まず想像（イメージ）することから始まります。叶いやすくなるポイントは２つです。

ひとつめは、

夢はありありと具体的に、しっかり、くっきりとイメージすること。

もうひとつは、そのときの感情がニヤニヤと、「うれしい」思いで満たされていることです。

ありたい未来の姿をイメージし、次は、すでにそれが叶ったと仮定して、「叶ったときの（うれしい）感情」や「状況」をありありとイメージしていくのです。

では、あなたの夢を下記の質問にそって書き出してみましょう。

1. あなたの夢は？（夢のタイトルを書き出そう）
2. いつ叶っていてほしい？
3. それが叶っているシチュエーションはどの場所？
4. そこには誰がいる？
5. なんと言っている？（自分と誰かの両方）
6. どんな気持ちになっている？
7. そこで、どんなふうに行動し暮らしている？

何もかも大丈夫だとしたら、どんなことをしてみたい？

ここに書いたものがすべて叶うとしたら何を書く？

では、あなたの夢をアリアリと書き込もう。

1 夢のタイトル	2 いつ叶う？	3 どこで叶う？	4 誰が見える？

	❺ なんと言ってる？（自分と誰かの両方）	❻ どんな気持ち？	❼ どんな暮らし？

PLAY-2

夢宣言Play!

「思い」を形にしたのが「言葉」です。
「言葉」は最初の「行動」なんです。
というわけで、最初の行動として、夢を宣言しましょう。

現実とは脳内劇場でつくられるものなんですが、
脳は実際に行ったことと、イメージしたことの区別がつかない。
だからすでに叶った未来をアリアリと想定しながら、なりたい望みを過去形で言う。これがコツです。

そこで前ページで書いた夢を
「〜したい」「〜だといい」ではなくて、

「〜できた。ありがとうございます」
「〜になった。ありがとうございます」
と過去形で伝えて感謝をしましょう。

喜びいっぱいで満たされてるイメージで宣言しましょう。
自分のほしい未来を、感謝をもって、過去形で言い切る!
これでOKです。

｛夢を宣言することの量子力学的解釈｝

すべての物質は原子からできており、その元は素粒子といいます。この素粒子が集まって、人間の体も、空も鳥も宇宙もできています。私たちが何も考えてないときは、この素粒子たちはばらばらと自由に飛び回っているだけで「塊」にはなっていません。
けれども、何かを考え始め、考えがまとまったときには、素粒子に一定方向の流れが生まれ、ゆるやかな塊となり、素粒子が集まった思いのエネルギー量子になります。

夢を「宣言」という行為をすることで、エネルギー量子となった素粒子たち、ひとつひとつの回転数が上がり、よりパワーアップして、成就することを促進するようです。

これはまだ、はせくらの仮説の段階ですが、体感としてはそう感じています。

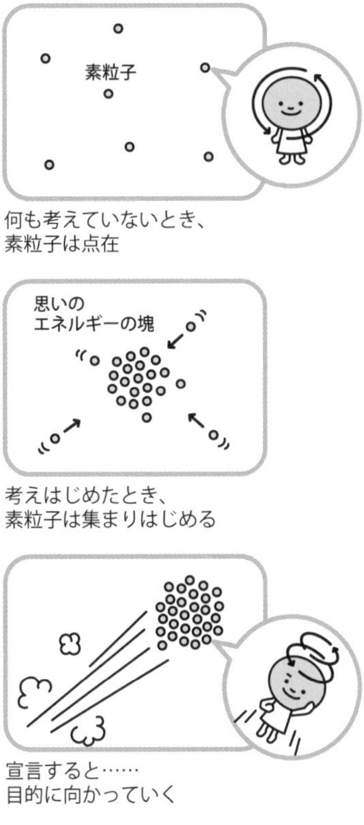

何も考えていないとき、
素粒子は点在

考えはじめたとき、
素粒子は集まりはじめる

宣言すると……
目的に向かっていく

{ 22世紀的ダイエット。意識の使い方で、2ヶ月で8キロもやせられる！ }

ひ はせくらさん、読みましたよ。「『ありがとう』でヤセるヒーリングダイエット」という本。意識の使い方だけで、8キロも体重を落としたそうじゃないですか？　食事制限も、運動もせずに。

は **そう。努力しないで成功するってまず決めたの。**

ひ **普通、そこは努力するって決めるとこでしょ！**（笑）

21世紀の住人としては、ありえんですよ、その発想。で、具体的にはどうやったんですか？

は この本でも伝えてることをただやっただけ。まずは、自分のありたい未来の姿をメージするの。次はすでにそれが叶ったと仮定して、叶ってしまったときの感情や状況をアリアリとイメージしていく。友人に「どうしたの？」とビックリされるときにかわす会話の具体的シミュレーションとか。そのあとに、たっぷりあったおなか周りの脂肪さんにこう伝えたの。「いままで私を守ってくれてありがとう。でも、もうあなたの役目は終わりよ。私は本来の姿に戻るわ。ありがとう。バイバイ！」って。すると、次の日、今まではけなかったジーンズがするりとはけるようになっちゃったんです。

ひ 効果、速すぎです！（笑）

は 私もビックリして面白くなって２ヶ月続けたら、ウエストが８センチも細くなって体重も望みどおりに８キロ落ちてた。

ひ で、編集者さんが、いきなりやせてるはせくらさんを見て、驚いて「『ありがとう』でヤセるヒーリングダイエット」という本をつくられたってわけなんですよね。

は ちなみにね、飛んでいった脂肪さんに、「もし、私のことが大好きで、また来たかったら、

胸だったら戻ってきていいよ」って言ってみたの。

ひ で、どうなったんですか!?　まさか……

は ワンサイズ大きなブラに買い替えることになりました。

ひ **わー！**（笑）。僕らも一足先に22世紀に突入しよう。

大切なのは
確たる想い。
すでに叶ってる
未来から
行動することです。

——————by はせくらみゆき

{ すべては必要必然ベスト！ }

は 夢は、アリアリとイメージできたらもう７割は叶ってると思っていいです。アリアリというのは、さっき見てきたように、夢が実現したときに、
「誰がなんと言っているのか？」
「いつ？　どこで？」
「どんな天気？」
「どんな服を着ている？」といったこと。
あとは目の前にあることに集中して、やり続けていけばいいんです。

ひ 逆に、夢が叶わないときは、どんなときなんでしょう？

は ●自分だけの幸せになってるか
●時が満ちていないか
●もともと叶える必要がなかったものか
これが夢が叶わない３つの理由です。

ひ 叶える必要がない夢って、自分のワクワクの衝動から始まったものじゃなくて、他人の目を気にして生まれたものとかですか？

は それもあると思います。そのときは、本当の自分の心にそっていないということなんです。

また、深い自分（いのちの自分）が、そうなる人生プログラムをしてないですよー、というときも、ちゃんと叶えてくれないようにします。
たとえば、行きたい大学に行けなかったとしても、違う大学で、何かや誰かに出会うために、志望校に落ちるということも起こるんです。恋愛でフラれたときもそうです。
だから、あまり気にする必要はないんですね。どう転んでも、歩んでも、ちゃんとうまくいくようにできてますから。

ひ そうだったんだ、だからあのとき……フムフム……。
（しばし、回顧モード）

は 一見、悪いことに見えるその向こうには、ステキなことが待ってるものなんですよ。

ひ でも、やっぱり現実的には、やりたくないことをやってたりすることってありますよね。そんなときはどうしたらいいんですか？

は そうですね。ちょっと厳しい言い方かもしれないんですが、

いま、目の前に現れたことが
いまのあなたにとってすべきことです。
必要必然ベストなことが
起こっているんです。

だから、いま、目の前にあるひとつひとつを心を込めて向き合うことです。
今あることと、すべきことを心ひとつに重ねて、行為と想いを一緒にして生きるんです。すると、時満ちて、扉が開くように、急にポンと次の展開が生まれたりします。

ひ 目の前のことがいつだって必要必然ベストってことか……

は そうです。今、目の前に起こることに抵抗せず、たんたんと心を込めてベストを尽くす。そうすると、必ず次のステージが開けてくるものです。

すべては、ちょうどよくできている。
人もモノもコトも。

すべては、ちょうどいい。
すべては、ベストタイミング。

そして、すべては、希望へと続く道！

そう唱えて（たとえ表面上は思えなくても一切かまわないので）、いまを生き、夢に向かってコツコツ、ワクワク、進んでいきましょう。

ひすい COLUMN 未来への扉はいま、ここにある！

僕の講演会に、この10年間、
それはそれはよく来てくれる大阪の元タクシードライバーのまことさんという方がいます。

あることがあって、ご飯ものどを通らなくなり、
20キロもやせてしまって辛いときに、
僕の本がきっかけで立ち直ることができたとのことで、
よく来てくれるようになったのです。

その彼が、以前、僕に夢を語ってくれたことがありました。
「僕もひすいさんのように出会った人の心を明るく灯すような
講演会をしていきたいんです。それが僕の夢です」

僕は彼にこう言いました。

「あきらめたほうがいいんじゃない？」(笑)

彼の瞳には、「？」マークが10コくらい点灯していました(笑)。
僕はこう続けました。

「まことさんの仕事はタクシードライバーだよね？
まことさんの夢である講演家の本質は、出会った人の心を明るく灯すことにある。それなら、講演会をひらかなくたって、タクシーの中でで

きるよ。
まことさんは僕の講演によく来てくれて、名言にすごく詳しくなったでしょ。
それにまことさんは直感力があるから、乗ってきたお客さんに合う名言を名言カードみたいなのをつくって書いて渡してあげたらどう？
お客さんを感じて、このお客さんにいま一番必要な言葉が必ずひらめくって決めちゃえば、そうなるから」

彼はそれを始めました。
お客さんを感じて、ピンとひらめいた名言を、赤信号の間にカードに書いておいて、降りるときに渡すのです。

「今日という１日は、昨日亡くなった人が、なんとしてでも生きたかった１日である」

「すべてはうまくいっている。
すべってもうまくいっている」

など、古今東西のさまざまな名言をプレゼントするんです。
それがすごく喜ばれて、感動でその場で泣き崩れてタクシーをなかなか降りてくれない女性も現れたそうです（笑）。

先日も、名言カードをお客さんに渡すと感動してくれて、なんと、

「私からも名言をプレゼントするよ」と、そのお客さんの名言を披露してくれたそうです。
その名言は、

「人生間違いだらけで間違いなし！」

間違えない人などいない。
それに、人生では、間違えた先に必ず何かがある。
だから、人生は間違いだらけで間違いないのだとか。

このお客さんは、テレビでもおなじみの落語家の笑福亭笑瓶さんでした。しかもなんと、笑瓶さんはまことさんが渡した名言カードを『ダウンタウンDX』というテレビ番組の中で話してくれて、そのカードがテレビにバーンと映ったのです。

**「すべてはうまくいっている。
だいじょうぶ！」**と書いたカードが。

『ダウンタウンDX』の視聴率は10％前後だそうですから、
300万人〜500万人にまことさんのメッセージが届いたことになります。

僕が100年講演しても、追いつかないくらいの人たちへまことさんは一瞬でメッセージを届けることができたのです。
いまや、彼の営業成績はうなぎ上りで、社内に数百人いるドライバーのなかで、毎回トップクラスに名をつらねるようになり、会社では、
「よっ。稼ぎ頭！」なんて言われるまでになりました。

名言カードをわたすと、「一緒に写真を撮ってください」と女性に言われることもあるそうです。
日本に講演する人はたくさんいるけど、
「一緒に写真を撮ってください」と頼まれるタクシードライバーはそうそういないはずです。

そして先日、そんなまことさんの講演を主催したいと名乗りをあげてくれる方が現れて夢が実現しました。彼はいま『名言タクシー』というタイトルで出版に挑戦中です。

思ったとおりに夢が叶うことだけが幸せな道とは限らないし、
想像しえないような方法で夢が叶うことだってあるんです。

忘れないでください。
夢への扉は、いつだって、いま、この瞬間にあるってことを。

僕だって、文章を書くのが最初から好きだったわけでも得意だったわけでもないんです。むしろ学生の頃は作文は苦手でした。

でも、ひとみしりな僕が、ひょんなことから営業マンになってしまい、
全然売れなくて、葛藤し、そこで見いだしたのが、
書いて伝えるという道だったのです。
いまや書くことが、何より大好きになりました。

まことさんの夢への扉は、タクシードライバーでした。
僕の夢への扉は、そのときやっていた営業マンでした。

夢への扉は
いま（now）、ここに（here）、
開かれているんです。
いま、こここそ、どこを探しても見つからなかった（nowhere）
The Next Stageの扉につながっていたのです。

あなたのいま、おかれている環境が最高のハッピーエンドへの伏線に
なっているのです。

やりたいことだけを
するのではなく
やるべきことを好き
になる自分でいる。

——— by はせくらみゆき

結局大切なのは
そこに愛があるかどうか。
最終章はやっぱり
LOVEでしょう！

STEP

4

LOVE

The touch of love,
everyone becomes a poet.

PLAY-1

「人生の定義」書き換えPlay!

それをどうとらえるか、定義が変わると現実が変わります。
例をあげましょう。
経営の神様といわれる松下幸之助は、ある雑誌のインタビューで、
「なぜ土地に手を出さなかったのか？」と聞かれました。
というのは、土地の価格が急上昇し、土地を買っておけばカンタンに儲けることができた時代。しかし、幸之助は土地に手を出さなかったからです。
結果的に、不動産バブルがはじけて、多くの会社が倒産するなかで、
幸之助はその難を逃れ、先見の明があったと評されていたんです。

しかし、幸之助は先が読めていたから土地に手を出さなかったわけじゃないんです。では、なぜか？
松下幸之助の仕事に対する「定義」が違ったのです。幸之助にとって、
仕事とは、お金を儲けるための手段ではなかったんです。

「仕事とは感動を与えること」

みんなの生活をうるおすものをつくり、それを売る。
それが幸之助にとっての「仕事」だったから、土地に手を出さなかったんです。
定義が変われば行動が変わります。
では、ここで、あなたの人生に対する定義を、
絵を描きながら書き換えちゃいましょう。

人生とは？

人生とは……
バカンスです。

❶ 浜辺で寝そべって優雅にすごしているあなたをイメージしましょう。

❷ そして、一緒にいたらいいなと思う人やものを描きましょう。
（例：イルカなど）

❸ お皿に食べ物を描いて、飲み物に色をつけましょう。

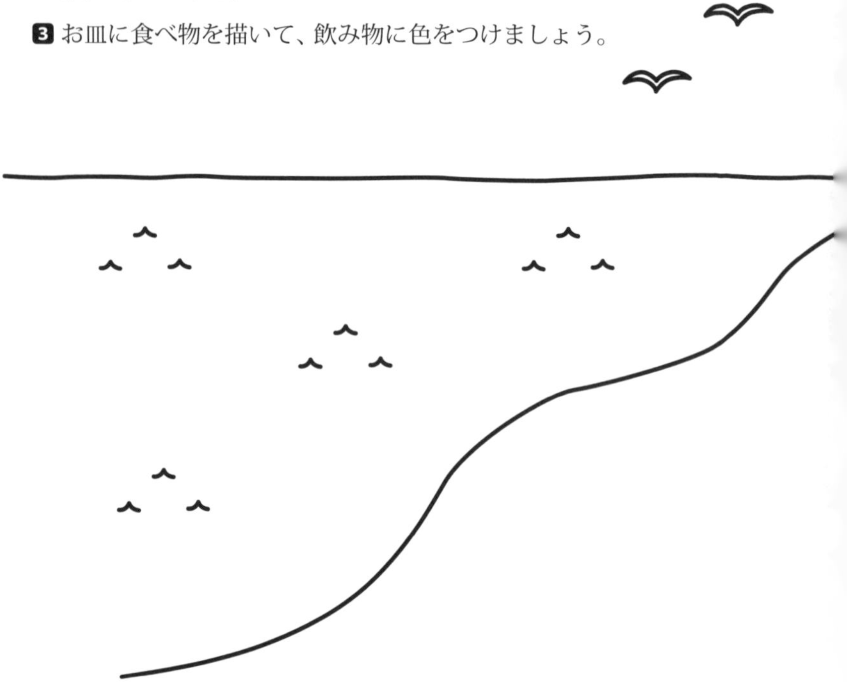

［解説］
あなたは肉体という地球服を着て、蒼き水の星・地球にバカンスにやってきたのです。
空と海、大地に包まれて、さあ、何して遊ぼうか？

人生とは……
冒険です。

あなたが出会いたいものを描きましょう。

［解説］
地球はワクワクするワンダーランド。そこで、あなたは人生という冒険の旅に出ています。さあ、何と出会いたい？

人生とは……
プレイランドです。

❶ 乗りたい乗り物に自分の姿を描きましょう。

❷ ワーイとかキャーとかキャッホーとかルンルンとかの言葉を書いてみましょう。

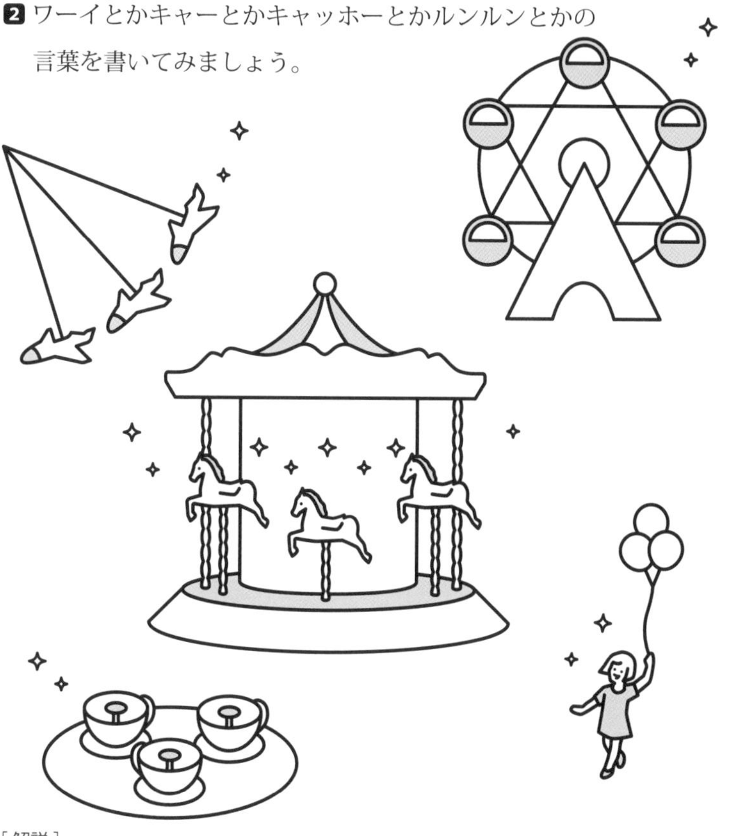

［解説］

人生というプレイランド・遊園地で遊びまくろう。「人生、サイコ―、私、サイコ―！」と言い切ってから、次のステージへ移ろうね。

人生とは……
愛することです。

あなたのまわりにいる大切な人たちの笑顔を描きましょう。

ニコちゃんマークでも下に名前を書いてもOKです。

［解説］

この星は愛を学ぶ学校です。愛し、愛され、見つめあう。肉体を持って表現できる愛の学校・地球で、あなたは誰と愛を分かちあい、ありがとうを伝えたい？

ひすい COLUMN 奇跡がアッサリ起きるとき

奇跡の起こし方がわかった瞬間があります。

友人の心理療法家・スズキケンジさんの結婚式に呼んでいただいたときのことです。式の途中、フタのついた器が全員に配られました。

中にはアイスクリームが入っているとのことでしたが、そこには〝当たり〟が3つ用意されているとのことでした。僕は当たったら席が隣だったカタセさんにあげようと思いました。
すると、司会者の方がこう続けたのです。

「このプレゼントはただのプレゼントではなく、
一生に一度しかないであろう、
それくらい素晴らしいビッグプレゼントを用意しています！」

え!?　そんなすごいプレゼント!?

バリ島旅行とか当たっちゃうの!?

当たったら隣のカタセさんにあげようと思ったけど、バリ島旅行でもあげるかなと考えてみました。まだカタセさんには「当たったらあげる」と伝えてなかったので、いまなら引き返せます（笑）。
でも、このとき僕はバリ島旅行でもあげようって思えたんです。というのはカタセさんは、僕のデビュー作を世に出してくれた出版社の方だったからです。しかも、僕の本がよかったからと休日にもかかわらずボランティアでイベントを何度も手伝ってくれていたからです。

そして、バリ島旅行でもあげようと思えた瞬間、

「あ、オレが当たるな」って感じたんです。

そこで僕は、カタセさんに「オレ、当たるから見てて。当たったらあげるから」と伝えました。

式場は60名くらい。その中で3名だけが当たるのです。フタをあけて、ハートのマークがあったら当たりです。司会者が声を張り上げました。

「では、みなさんでいっせいにフタをあけましょう！」

**「ええっ！
ひすいさん本当に当たってる!!」**

カタセさんが歓声をあげました。僕のアイスにはピンクのハートマークが確かにのっていました。もし、運の神様がいるとしたら、僕に当てるだろうなと思ったんです。なぜか？

たとえば、うちのかみさんは近所のスーパーでポイント2倍の日を見

逃しません。もし運の神様がいるとしたら、ポイントが2倍になる僕を見逃さないだろうなと思ったんです。というのは他の人が当たったらその人が喜ぶだけですが、僕が当たれば僕もカタセさんも喜びます。つまり、僕のところは喜び2倍ポイント。神様がそんな絶好のチャンスを見逃すわけがないと思ったんです（笑）。フタをあけてハートを見つけた僕は、神様はやっぱりチャンスは逃さないんだなって感動しました。

元メジャーリーガーの新庄剛志選手が『クイズ＄ミリオネア』に出演しときも、そのことを感じました。
『クイズ＄ミリオネア』は全15問に正解すると1000万円もらえます。
しかし、新庄はどう考えても、クイズが得意そうには見えません（笑）。

ところが、新庄は1問目、2問目、3問目、8問目、9問目と順調に問題をクリアしていったのです。

クイズはAからDの四択で答えるのですが、新庄は、なんと、あらかじめ記号を書いたエンピツを用意していたのです。つまり、自分の知性を一切頼らない運を天に任せるサイコロ方式です（笑）。
そして運だけで14問目まで正解してしまったのです。
そして運命の15問目……問題はこうでした。
「昔話の『浦島太郎』の主人公、浦島太郎は何歳だったでしょうか？」

A）12～13歳

B）17～18歳

C）24～25歳

D）31～32歳

ここで新庄はエンピツを転がします。

エンピツはCを示した。

実は、答えはCだったのです。

しかし、新庄に迷いが出て、あろうことかもう一度エンピツを転がしてしまったのです。スタジオのフロアにエンピツがコロコロ転がります。みんなが息をのみ見守るなか……再びCでエンピツはピタっと止まったのです！

ありえない！

大歓声のなか新庄は見事、賞金1000万円を獲得。

運とカンだけで、４択のクイズを15問連続で正解したのです。

新庄の1000万円の使い道はなんだったと思いますか？

自分の車を買ったわけじゃないんです。野球観戦に来てくれた人、みんなが喜ぶように、札幌ドームに『新庄看板』をつくったんです。

やっぱり、みんなの喜びを増やそうとするとき、運の神様が味方してくれるのです。

新庄は、「記録」よりも「記憶」に残る男と言われました。

それは、圧倒的にチャンスに強かったからです。
引退の年にそれまで強いわけではなかった日本ハムファイターズを日本一に導くなんてよほどの運です。

新庄はアメリカで暮らしていたとき、タクシーを降りるときに、多めのチップを渡して、こう言っていたそうです。
「このチップは次にのる日本人の分だから、僕のあとに乗る日本人もよろしくね」
新庄は、次に乗る日本人の喜びまで生み出していたのです。

この地球に、喜びを増やそうとする人を
運の神様が見逃すことはないのです。

あなたの夢が叶うことで
喜ぶ人がふえるようにすればいいってことです。
ポイントは心からみんなの喜びがふえるようにって想いがピュアなときです。
Love is power
動機がピュアなとき、奇跡はアッサリ起きるのです。

この地球を喜びに咲く星にしようよ。
あなたはそのために生まれてきたんだから。

PLAY-2

I love me Play!

誰かの喜びを生みだそうとワクワクしているとき、
夢はアッサリ叶う。
とはいえ、自分が満たされてないのに、
相手だけうるおそうというのではムリがあります。

人間とは人と人の間（あいだ）と書きます。
あなたと私の間をうるおそうとするときに
夢はアッサリ叶うのです。

あなたと私、
You（ゆ）とME（め）で「夢」です。

あなたと私、その「間」がないことを
「間抜け」というし「間違い」という。
「間（あいだ）」にあるもの、それこそが「愛だ」

シャンパンタワーがてっぺんからシャンパンを注いですべてのグラスを満たしていくように、まずは、あなたを喜びで満たし、そしてあふれた喜びでまわりを潤していけばいいのです。それでは、早速、自分をうるおすワークに入っていきましょう。

すぐにできて、効果も計り知れない、とっておきの、
自分を大好きになるワークがあるんです。

これは、ひすいの友人で、人生を変えるコツを3000個以上知っている野澤卓央さんから教えてもらった方法です。
彼は、人生が変わるコツを書籍や講演を通して伝える活動をしているのですが、なかでも、これはとびきり効果が強いと推奨している方法です。
その方法を僕がパーソナリティをやらせていただいてる「ひすいこたろうの名言ラジオセラピー」というラジオ番組で言ったことがあるんですね。
そうしたら、大反響だったんです。

この番組のプロデューサーさんは、それを毎日やること３ヶ月、
顔のほうれい線が見事に消えたそうです。
あまりにも効果があるので驚いて、アトピーだった小学生のお子さんにも教えたら、なんとアトピーが治ったそうです。
５日で肌がきれいになってきたという男性もいました。

そして、なんと、この方法は、
はせくらさんも昔から推奨してる方法だったんです！

知りたいですか？
その方法？

はい。ひっぱってます（笑）

いまから鏡の前に行き、こう言ってください。

「愛してるよ」
「大好きだよ」
「がんばってるねー」

鏡に映る自分にこう声をかけることで、顕在意識はもちろんのこと、潜在意識、超意識までスポーンと届いて、あなたを内側から元気にさせ、喜びと自信を取り戻させてくれるんです。
１週間も続けると必ず変化が訪れますのでお楽しみに!!!

鏡に映る自分を見て、そう言うだけです（笑）。
女性なら、鏡に向かって「なんてかわいいんだ」
ってつぶやくのもいいでしょう。

ポイントは自分の瞳をやさしく見て言うことです。

瞳の奥には自分が映っています。その瞳の奥には自分が映っていて……どこまでいっても続く自分がいます。

１日２秒！
自分で自分を愛で満たせるんです。
自分を愛で満たすとあふれてくるから
そのあふれた分で、まわりを幸せにするんです。

でも、やってみるとわかりますが、やることをすぐ忘れちゃうんですね。そこで続ける秘訣もセットでお伝えしておきます。

続けるコツは、「やる場所」「時間」を決めてしまうことです。

お風呂なんかが毎日入りますからおすすめです。
お風呂の入口に目印になる何かシールを貼っておくのもいいでしょう。
「愛してるよ」「大好きだよ」って自分に言うのが抵抗がある方は「私は自分を愛してもいい」「私は自分を大好きになってもいい」と、まず自分に許可を与えてあげてくださいね。

PLAY-3

夢ドーナツPlay!

ドーナツをぱくぱく食べるように、夢をさくさく叶えちゃいましょう。

あなたの夢ドーナツ、どんな味？

❶あなたが**心地よいと感じるもの**はなんでしょう？
四季をイメージして五感で表現してみてください。

	春	夏	秋	冬
見えるもの				
聞こえるもの				
味わい				
香り				
肌触り				

❷いまの自分が、これをしたら「楽しい」「うれしい」「満たされる」というものを５つ書いてください。どんな小さなことでも、大きなことでもOKです。ただし、基本は自分一人でできるものにしてください。（誰かがいないとできないという条件設定をしてしまうと、その人の歩みにまで、踏み込んでしまうことになるので、あまりおすすめではありません）５個以上になってもかまいません。好きなだけ、いくつでもどうぞ！

①

②

③

④

⑤

その他

❸こうあったらいいな、と思う、自分の未来の姿を言葉に表してください。

❹右のドーナツにクレヨンか色鉛筆で、下記（Ⓐ～Ⓓ）にそって絵を描いてみましょう。

Ⓐ 内側の円の中に、自分の顔を描く。
Ⓑ 外側の円の外に、家族や今のあなたと強い関わりを持つ人の似顔絵を描く。
あなたを主人公とするなら、Ⓑの人たちはあなたを支えるキャストたちです。Ⓑの人たちがいてくれるからこそ、あなたの夢はふくらみ叶います。
Ⓒ ドーナツ部分に、前ページの❷で書いたことや前ページ❸のイメージの絵を描いてみてください。絵にしにくいものは、そのシンボルを描きます。
Ⓓ Ⓒの絵を描いてない部分に、その背景となる色を感じるままに自由に塗ってください。

私もうれしいとあなたもうれしい。あなたがうれしいと私もうれしい。あなたの身近な人に愛を注いでいくということ。別に特別な何かじゃなくたっていいんです。何気ない挨拶だったり、「大丈夫？」の一言だったり、黙っておいしいお茶を入れてあげることだったり。愛って行為だと思うんです。理屈じゃ、ないんだな。

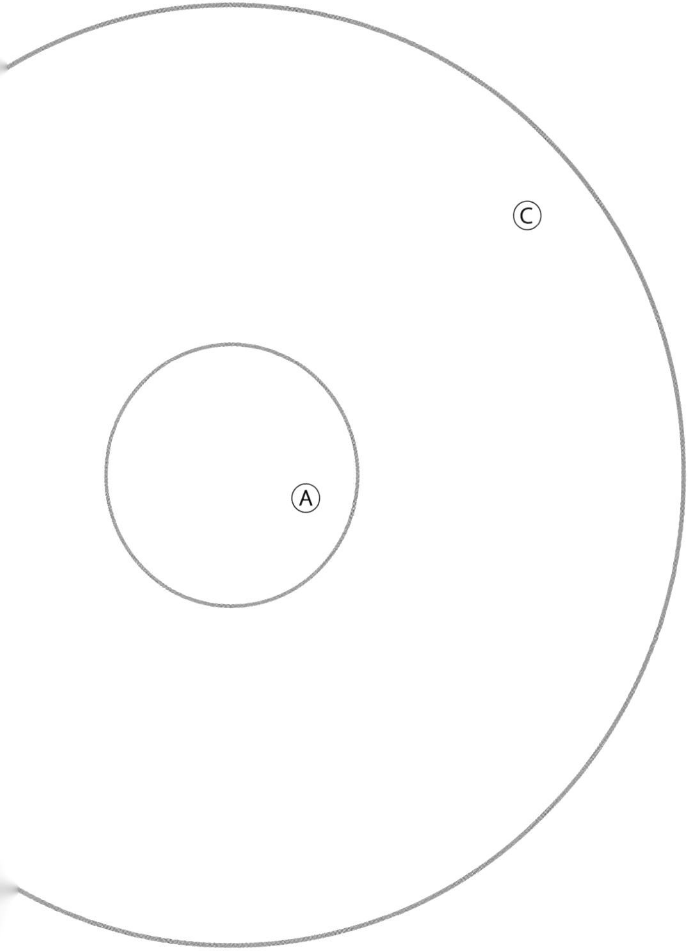

さあ、あなたの夢ドーナツは、どんな色の、どんなトッピングになりましたか？　このワークは、あなたという存在が、どんなことをするとハッピーでいるかを知り、同時に、そのハッピーをもたらすものを、どんどん具現化してしまいましょう！　というものです。

塗った色の存在的意味と活用法

［赤］＝　情熱と活性化。その色に包まれているモノや人に対して、積極的に働きかけ、動いてみましょう。

［橙］＝　暖かさと繋がり。絆や繋がりを大切にしながら、一歩一歩進んでいきましょう。

［黄］＝　喜びと希望。喜びがどんどん膨らむサイクルに入る前兆です。正しいことより、楽しいことを行動の基準としましょう。

［緑］＝　やすらぎと自然。自分とは自然の分身です。自然界との繋がりを大切にしながら、リラックスして進んでいきましょう。

［青］＝　静けさと集中。そこに描いてあることを、くっきりイメージして進みましょう。

［紫］＝　高貴と目的。その色に包まれているモノや人は、より高い目的と意図が託されています。真剣になっても深刻になりすぎずに、笑顔と共に進みましょう。

［茶］＝　包み込みと大地。おおらかに、どっしりと構えて歩みましょう。すべてはうまくいってます！

{夢ドーナツを「食べる」}

実はここで、すごい秘密をこっそり教えてしまいます。
秘密なので、ひそひそ声で伝えますね。

………夢は、書くと叶うんです♥

これ、ホント！（笑）
だからもう一回、今度は大きな声で叫んでみます。

夢は、書くと叶います。

なので、ぜひ書いてほしいんですね。
それも、ただ文字として書くだけよりも、絵やシンボルなんかで描くと、もっともっと強力になるんです。
よく私たちは、「夢を描く」っていうでしょ、なので本当に描いてしまいましょう。
しかもその前に、ちゃんと五感を使って、心地よいもの、うれしいものの感情、感覚の扉を通ってから描くので、強力さがより増してしまうんです（P170-❸）。それが夢ドーナツPlayです。

心地よいということ、うれしいということは、心がふわっと広がって満ちているということ。

満ちているというのは、あなたの心にエンジンが満タンに詰まっていることなので、とても効率よく叶いやすくなるのです。
そう、「努力よりもワクワクを選ぶと、いつのまにか叶っちゃった」というゾーンです。

しかもそれは、**あなた専用のハッピー仕様書。**

ちょっとへこんだり、イライラしたとしても、この夢ドーナツに書いてあることをイメージすることで、ハッピースイッチがオンになる仕様書なのです。

けれどもこのワーク、イメージするだけではありません。
ドーナツですから、実際に食べないとダメなんです。
どうやって、食べるかって？
それは、実行すること。

しかも**1週間以内に！**

ちゃんと賞味期限付きなんです（笑）

描いた内容で、実現できそうなことは、行動に起こしてください。
もし、なかなか実現できなそうなことだったら、それに近い行動を起こしてください。
たとえば、世界一周と書いたなら、旅行会社からパンフレットをとってくることでもオッケー。故郷に行くと書いたなら、故郷のHPを見るというのでもオッケー。やせると書いたなら、自分がなりたいイメージのモデルさんの写真を見て、そこにイメージで顔をさしかえるとか、何かしらの行動を起こしたらマルとします。

これが、夢ドーナツを「食べる」ということです。

このワークは一回きりではなくて、できれば続けてやってみることをおすすめします。そうすると、いつのまにか、叶えたいことがだんだん減ってきたりするんですね。
どうしてかっていうと、どんどん叶っていくし、たとえ今叶わなくても、そのプロセスそのものが、だんだん楽しくなっていくんです。

その結果、ちょっとのことでも、
ありがたいなとか、うれしいなとか、おかげさまだな、なんていう、
気が付くと幸せ体質の自分ができあがってしまうんです。
もう、こうなると、お気楽さまです！

気が楽なので、ますます楽しくなっちゃうし、
大きなエネルギーをもって動くことができるので、
どんどん夢も叶いやすくなるというしくみです。

そしてもうひとつ大切なことは、こうした夢たちは、いろんな人やまわりの環境の応援を受けて、具現化していくということです。

決して自分一人だけで生きているわけではないのですね。
私たちが生きるということは、関わりあいのなかで生きるということです。
たとえ自分は一人ぼっちだったと思っていても、それは勘違いです。
もし、本当に一人ぼっちだったら、そもそも生まれることすらできません。

さまざまな関係性の中で生きている私たちは、その関係性の中で豊かになることも、悲しくなることもできる存在です。
私が「生きる」ということは、たったいま、あなたのまわりに、世界に、影響を与えているということなのです。
とりわけ、家族や、いまのあなたと強い関わりを持つ人との縁は、見えない磁石で引き合うように、影響を与えあっています。
ですので、その人たちの姿も描き、
その人たちも共にハッピーになっているイメージを送ることで、その人もハッピーになるし、その人たちのエネルギーが、あなたに流れ込んできて、あなたのハッピーをさらに応援するのです。

ね、すてきなしくみでしょ。
私たちは、孤立した世界に生きているのではなく、
すべてが組み合い、かみあいながら関わりあうことで、皆が発展していくようになっている、参加型宇宙の世界に住んでいるのです。

ひすい
COLUMN
起こることは全部マル！

あなたは１日に何回くらい考えごとをしてると思いますか？
代替医療の世界的権威、ディーパック・チョプラ医学博士によると、
僕らは１日に
６万回以上の考えごとをしているそうです。

毎日、過ぎ去ってしまった過去を後悔し、
起こるかどうかもわからない
未来の不安にあれこれ頭を悩ませているんです。
１ヶ月にすると１８０万回もですよ。
どおりで大人になると疲れるわけです。

だったら、起こることは全部マルって決めちゃって、
１日に６万回も考えごとをするエネルギーを、
いま、ここに注ぎ込んだほうが、絶対、人生お得だと思いませんか？

１ヶ月に１８０万回も悩むことに費やしていたエネルギーを
いま、ここという「一点」に注ぎ込んだら人生は「一転」します。

「大切なことは『考える』ことではなくて、『決める』ということだ」
by きつかわゆきお　出典『深呼吸する言葉』

決めちゃうのです。起こることは全部マルだって。
決めちゃうのです。どう生きたいのかを。

あなたが決めた世界が「現」に「実」る。それを「現実」といいます。

アメリカの成功者たちへのアンケートでわかったこと。
彼らが成功した理由に挙げたベスト３は、意外や意外、
「病気」「倒産」「失恋」でした。
「あの病気のおかげで……」「一度倒産したおかげで……」「失恋したおかげで……」。

すべて、いわゆる不幸ばかりです。しかし、彼らはこのツラい出来事を、
「自分を深く見つめ直す機会」に変えて、生き方を改めたのです。
すると、災いは転じて福となったのです。

あなた次第で起こることは全部マルにできるんです。
最悪を最高にできるんです。それが人間に与えられた創造力です。
愛あるところに不可能はない。

起こることは全部マル！
もう、そう決めちゃえ。

〜追伸〜
どうしても、受け止めきれない問題がやってきたとき……。
もし、そんなときがきたら、
そっと本のカバーを外してみてくださいね。

PLAY-4

あした死ぬかもよPlay!

あなたが、あなたの人生を終えるとき、誰にそばにいてほしいですか？
そのそばにいてほしい人に、なんて言ってほしいですか？
あなたは、その人からどう思われたいですか？
いくつでもかまいません。思いつくままにあげてみてください。

｛私たちが本当にほしいものは？｝

この質問を投げかけると、多くの方が、「ありがとう」とか「愛してる」とか「あなたといて幸せだった」と言ってほしいとの答えが返ってきます。またどう思われたいかについては、「別れるのは寂しい」「とっても大好きだった」「愛してる」「感謝してる」「出会えてよかった。楽しかった」など、心があったかくなる言葉が、次々と出てきます。

実は、この言葉たちこそが、
あなたが人生において
ほんとうに求めているものなのです。

私たちがほんとうにほしかったもの、この人生において手に入れたかったもの、それは、目に見える物質的な豊かさではなかったんです。

じゃあ、どうやって、ほんとうにほしいものを手に入れればいいのか？

私、はせくらの友人はこう教えてくれました。
「あの世に行くときにあなたが言ってもらいたい言葉や思いを、そっくりそのまま、相手にしてあげるといいわ。それもたったいま、この瞬間から」

私は、その言葉を聞きながら、涙がじわりとこみあげてきました。
生きるって、なんてシンプルで、奥深いんだろう……

「愛してる」と言われたければ、
自分から「愛する」ことを
したらいいだけ。

「ありがとう」と言われたければ、
自分から「ありがとう」を言えばいいだけ。
「幸せだった」と言われたければ、
自ら幸せを感じ、
相手が幸せだと感じてくれる行動をしたらいいだけ、
ということだったのです。
それも「いつか」じゃなくて、
たったいま、この場所で、この瞬間から。

愛をもって思う
愛をもって語る
愛をもってする

私たちは「愛」から生まれ
「愛」に生き
「愛」に還る旅をしているのです。

ひすい COLUMN そこに愛がある

小学校6年になった息子を
僕の生まれ故郷の新潟の海へ連れていったときのことです。
海で遊んだ記憶が数回しかなかった息子は大興奮。
「海！　海！　海！　海！」と右手をグルグル回してはしゃぎ回り、
なかなか帰ろうとせず、結局４時間以上海で遊びました。

息子はラッシュガードを着て、ゴーグルをして海に潜っている時間が長かったので、問題はなかったのですが、僕は無防備だったため、火傷したかのように日焼けで顔が異常なほど真っ赤に腫れてしまったんです。

問題は翌日でした。翌日は、僕が通っていた心理学、日本メンタルヘルス協会の卒業式にゲストとして参列する予定になっていたのです。卒業生508人もの前で、まっかっかに腫れた顔で出て行き、スピーチするのは、あまりに恥ずかしい。でも、友人が僕の顔を見て、こう言ってくれたんです。

「この赤さは愛ですね」って。

この赤く腫れた顔が愛？
友人はこう続けました。
「ひすいさんは息子さんに海を満喫してほしくて、長居しちゃったわけですよね？　それは息子さんへの愛ですよね？」

言われてみれば、そうです。日陰で休んでることもできた。でも、海ですから、息子に何かあってはいけないと、ずっと隣にいて見守っていたんです。

この腫れた顔は、確かに愛ゆえだった。

そう思ったら、恥ずかしく感じていたこの顔が誇らしくなり、堂々とスピーチができたんですね。

もう一例あげましょう。
ある方から、こんな悩みを打ち明けられたことがあります。「私、些細なことで旦那を怒ってしまい、そんな自分が嫌いなんです」と。ご主人がアイスを食べているのを見ると怒っちゃうのだそうです。
「１本ならまだしも、うちの旦那は２本も３本も食べちゃうんです」
「どうしてご主人がアイスを何本も食べると、イライラするんでしょう？」
「だってアイスの食べ過ぎって、健康によくないじゃないですか！」

やっぱり、ここにも愛があった。
ご主人の健康を思いやっていたわけです。

また、ある方のお母さんは、精神を病んでいたものの絶対に病院に行きたがらなくて、娘さんたちは、ずいぶん苦労したようです。でも、お母さんが病院に行きたがらなかった理由は、そんなことが世間にわかったら娘さんたちの未来を消してしまうと思っていたからだとわかったんです。行きたくない理由は、娘さんたちを思いやっていたわけです。そのことがわかった瞬間、娘さんたちは、涙が出たそうです。

根っこには愛があるんです。

これからも、自分のイヤな感情は出てくるでしょう。
他人のイヤな言動とも出会うことでしょう。
でも、そのときこそ気づいてほしいのです。
自分の根っこには愛があるよって。
相手の根っこにも愛があるよって。

ちゃんと、そこに愛があるんです。

＝LOVE

大人の問題の答えは
いつも愛なんです。

はせくら
COLUMN

なんのために生まれてきたのか

私は子供が3人いるのですが、そのうちの一人は胎内記憶があったのです。ちょうど幼稚園に上がる前に教えてくれました。
彼は、

「お母さんを選んで生まれてきたんだよ」

ってはっきり言いました。

そして、おっぱいがほしくてお腹に入ったのに、なくて困ったこと。
そうすると、白い大きな人が出てきて「トキガミチルマデ、マチナサイ」という言葉を言ったそうです。もちろん息子にはその意味がわかるはずもありませんでしたが……。
そうしてやがてトキが満ちたとき、狭い穴が見えたので、
体をくねらせながら入ったのだとか。

けれども、出る直前に怖くなって立ち止まっていたんだそうです。
すると再び白い人が現れて

「この世界を愛でいっぱいにしなさい。
みんなそうやっていくんだよ」

と言って手に持っていたタマのようなものを、息子のハートの中に入れてくれたのだそうです。

すると息子は（以下、息子の言葉です）

「僕は、勇気りんりんのアンパンマンになって外へ飛び出したら、すごくまぶしくってびっくりした。そしたら目の前に、メガネのおじさんと太ったおばさんがじろじろ見てたから、すごくイヤだったんだよ」

と言っていました（おそらくお医者さんと看護師さんです。特徴がそのままです）。

このエピソードを中学生になった息子に伝えた際には、
即答で「そんな非科学的なことは僕は信じないよ」と言っていましたが（笑）、当時書き取ったメモはまだ残っています。

あなただってそうです。

この世界を愛で
いっぱいにしたくて
やってきたんです。

さあ、あなたの出番ですよ！

あなたが
与えるものが
あなたが
受け取るものです。

――――by はせくらみゆき

はせくら COLUMN 宇宙の一番大きな法則

宇宙の一番大きな法則。それは

すべてはよくなるようにできている

ということ。
だから愛を選べば天の意志に乗ることになる。
これが天意《あい》（愛）です。
あなたの願いが宇宙の意図である「天意（愛）」と共振するような、自分もまわりも地球が喜ぶような願いであると、自らが放つ美しい波模様をもって、より高い次元と結びつくので、結果としてどんどん願いが叶ってしまうわけです。

ちょっとだけこみいった話をしましょう。
ここから先は、いまは理解できなくてかまいません。

愛とは、すべての物質のもとである陽子や中性子、電子がバランスのなかで、調和を取りながらスピンしてる状態のことを差します。

陽子の持つバイブレーションは「意思」を担当し、
常に「愛」の方向へと向かっていきます。

「意思」というのは天の意、そう、宇宙のリズムにそって生きるということです。

原子の中身（残りの空間）はほとんどすべて電磁気力、つまり「光」だったのです。
私たちは、本当に「光」だったのです！

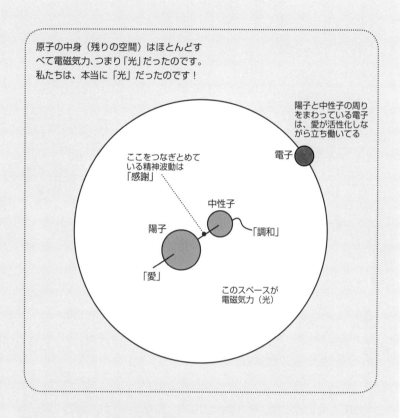

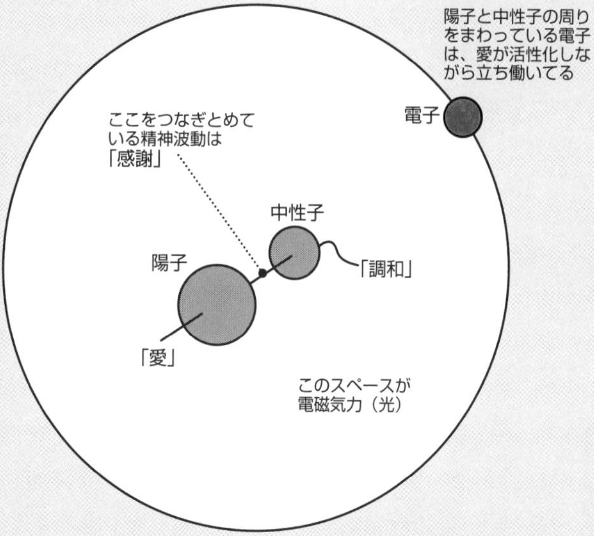
陽子と中性子の周りをまわっている電子は、愛が活性化しながら立ち働いてる
電子
ここをつなぎとめている精神波動は「感謝」
中性子
陽子
「調和」
「愛」
このスペースが電磁気力（光）

宇宙のリズムは愛のリズム。

これを天の意と書いて「天意」（あい）＝「愛」と呼ぶんですね。

一方、中性子の持つバイブレーションは「調和」を担当し、

常にバランスとハーモニーを求める性質があるようです。

そして電子の持つバイブレーションは、「愛」（Love）と「調和」（Peace）

からなる子供のようなもので、愛という宇宙の脈動を他の原子、分子に

伝えて、自由にコミュニケーションをとっている、愛の伝道師の役割を果たしていた、ということです。

つまり、**Love（陽子）& Peace（中性子）＝ Freedom（電子）**

また、陽子と中性子をつなぎとめている力（ゲージ粒子といいます）や、原子や分子の結合力の元となる精神波動は何かというと、なんと「感謝」だったのです。

すると、私たちの体、空、モノ、ありとあらゆるもののすべてが、もともと感謝のカタマリであり、「愛と調和」そのものでできていた！
というわけだったのですね。

波動性と粒子性でいえば、波模様の山と谷が干渉しあい、ゼロになっている地点のところが物質（粒）となって現象化し、現れることで、愛を結晶化、具現化しているのです。

つまり、私たちのいる次元は、愛が物質化した姿でした！

すべての物質は原子から成り立っています。
すべての物質は愛と調和のかたまりです。

空気も水も建物も、そしてもちろんあなたも。
こうした「愛」の姿を、物理次元で学び、体現していく星、
それが地球なのです。
愛を学び、愛に生き、愛に還る私たち。
どこまでいっても愛の海にひたされています。

愛は創造。
愛は光。
光は愛に、
愛はあなたになりました。

生きているって、すばらしい。

みんな、みんな、大好きだよ。

LAST MESSAGE

ここまで読んでいただきありがとうございました。
宇宙の存在からあなたに伝言が届いています。

深呼吸を３回してから
ゆっくりページを開いてください。

次のページは声に出して読んで
“響き”を味わってください。

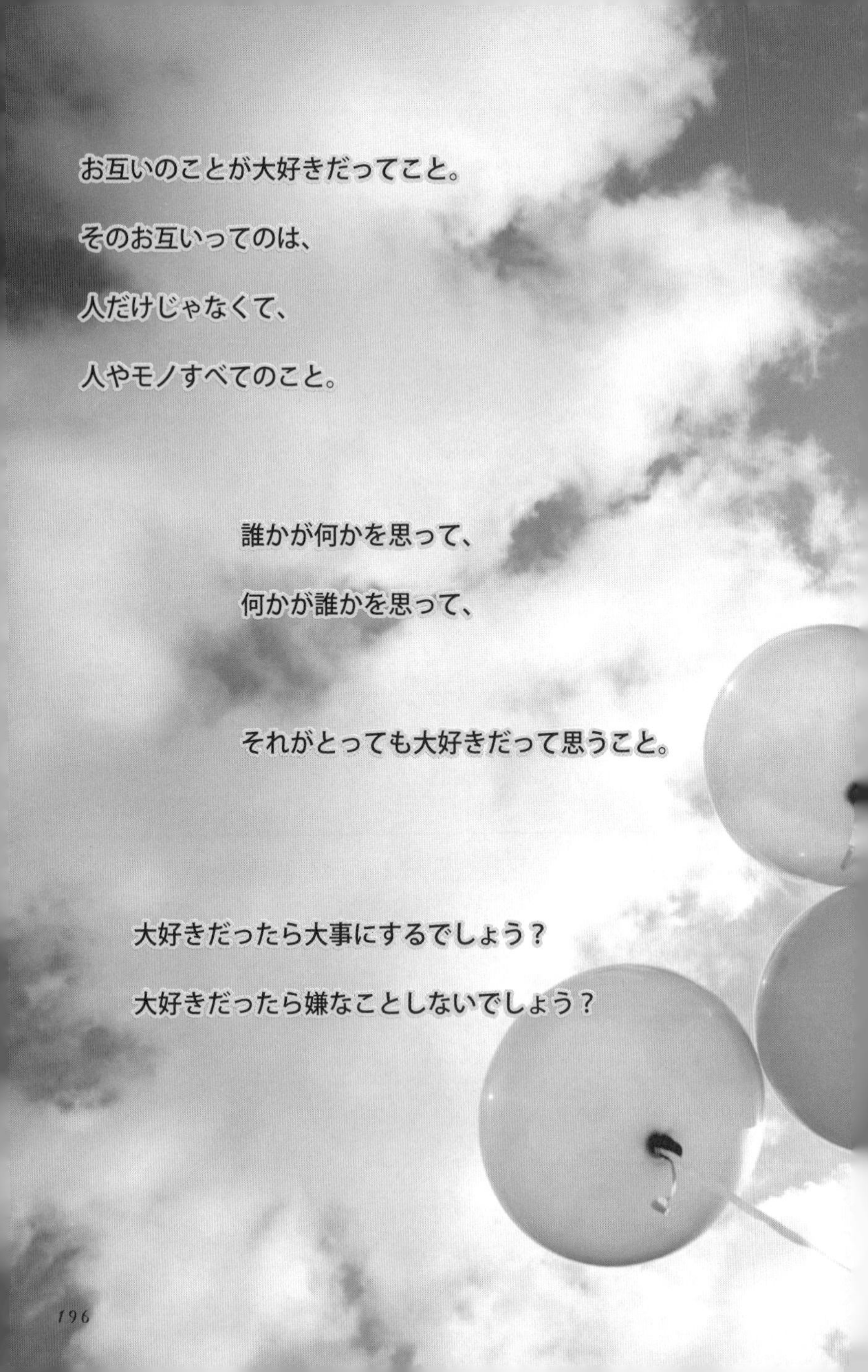

お互いのことが大好きだってこと。

そのお互いってのは、

人だけじゃなくて、

人やモノすべてのこと。

誰かが何かを思って、

何かが誰かを思って、

それがとっても大好きだって思うこと。

大好きだったら大事にするでしょう？

大好きだったら嫌なことしないでしょう？

そんなふうにすべてのことをいつくしんで、

いとおしんでやること。

そうしたら、地球は愛の星になるんだよ。

——by アミ　（特別出演）

あとがき　ひすいこたろう

1998年夏の甲子園の準決勝。
明徳義塾 VS 横浜高校。
伝説となったこの試合には、実はすごい「名言」が隠れていました。

横浜高校をひっぱるのは、あの松坂大輔投手。
しかし松坂はその前日のＰＬ学園との試合で延長17回を投げ抜き、準決勝では先発できませんでした。

その松坂なき横浜投手陣に明徳打線が襲いかかり、８回表を終えた時点で６－０と大きくリードされ、誰もが負けたと思いました。ところが、８回裏から横浜高校の快進撃が始まり、６－０から、なんと奇跡のサヨナラ勝ちを果たすのです。

その問題の８回裏、いったい何が起きたのか？
円陣を組む選手たちに横浜高校・渡辺元智監督が、
ある一言を告げたのです。
すると、選手たちが生まれ変わったかのように打ち始め、それまで１点も入れられなかったにもかかわらず、一挙に７点取り、逆転してしまったのです。

いったい、渡辺監督はなんと言ったのか？

それは……

「この試合は勝ち負けは考えなくていい。楽しめるだけ楽しんでこい！」

高校生の場合、根性を入れてバットを振るとバットのヘッドスピードは100キロくらいになります。しかし、８回裏、渡辺監督のあの一言を受けてからの選手たちのバットスイングは120キロくらいになったそうです。
最終的に、横浜高校は、この勢いのまま1998年の夏の甲子園を制し、松坂大輔投手は晴れてプロ野球入りできました。

最後の最後、
「奇跡の快進撃」に必要だったのは、
根性ではなかった……
才能でもなかった……
執念でもなかった……

ただ、楽しんでくるという気持ちだった。

あなたは、特別なミッションをもって生まれたんです。
あなたの可能性を存分に遊び倒すというミッションを。

北海道に生まれたら北海道のよさを味わえるし
新潟に生まれたら新潟のよさを味わえる。

それと一緒。
今回、あなたは、「キミという世界」を冒険にきたんだ。
それなのに自分を嫌うなんて、沖縄に生まれたのに
北海道がよかったって後悔してるのと一緒。
キミという世界を味わえるのは、世界でただ一人、
キミだけなんだから。
欠点も悩みも含めて
まるごとこのワンダフルワールドを味わってください。

あなたに必要なのは、
根性でもなく、
才能でもなく、
執念でもないよ。

「自分を楽しむ」という気持ちだけ。

しかも、あなたは一人じゃない。
あなたが生まれてから一度も休むことなく、
あなたを応援してくれてる人がいるんです。

24時間、365日
一秒も休むことなく、
一度も有給休暇を使うことなく、
あなたのために

ずっと、ずっと動いてくれている。

そう、あなたの心臓を動かす「いのち」の力です。

あなたは、生きていると同時に、
その「いのち」の力に生かされている存在なんです。

キミの可能性を誰よりも信じ
ずっと一緒にい続けてくれたキミを生かすいのちの鼓動。
その鼓動はわかっているんです。
キミの可能性を誰よりも。

だから、あなたの一番近くで一秒も休まず
ワクワクしてあなたを見守り応援してくれているんです。

あなたから一度も感謝されたことがなくたって……

「いのち」はずっと待っていてくれたんだ。
キミと一緒に、「キミという世界」の冒険に旅立つことに。

進化とは、すごい誰かになることではない。
思いっきり、キミになることだ。

いまの、そのままのあなたを楽しむことから
冒険は始まるんだ。
キミこそ宇宙の◎（花マル）だ！

ではこれからラスト・ミッションです。

自分をその両手で抱きしめてあげてほしいんです。
自分をいとおしむ気持ちで。そして、こう言うんです。

「いままで気づかなくてごめんな。
そしてありがとう。
これからはずっと一緒だよ。
私は私でよかった」

Have a nice trip！
Enjoy yourself

ひすいこたろうでした。

あとがき　はせくらみゆき

みなさん、最後までお付き合いくださり、ありがとうございました。
この本は、天才コピーライター・ひすいこたろうさんと、天然アーティストはせくらの、いのちといのちが響きあってできたものです。
ワークや言葉たちを通して、あなたのいのちとも響きあうことができたらうれしいなぁ、って思っています。

ところでなぜ、本書にあるようなメッセージを伝えたかったのか？

……それは、私が「お母さん」だったからです。
お母さんは、子を授かるときに、子の幸せを願います。
この子が、一生困らないように、幸せでありますようにと…願い、祈り、出産の日を迎え、お父さんや家族と共に、心を込めて育てていくんですね。
こうして、皆、お母さんの子宮に抱かれ、産道を通って生まれてきたんです。
誰一人、例外などありません。

あなたは、この世界でたった一人の、
他の誰にもかえがたい大切な人です。
愛しくて、たまらなく可愛い、
大事な存在です。
あなたが幸せでいること、
それは私が幸せであるということ。

あなたの幸せが、私の幸せです。

この思いを、私はあなたのお母さんになり代わって、伝えさせていただくことにしました。
そうしたら、こんな本ができてしまいました。

人生で起こることを裁くのではなく、悲観したり、優劣をつけるのでもなく、
ただ、あるようにあるという事実。
山より大きなイノシシは出てこないように、すべて乗り越えられることしか起こらないという事実。
落ち込むことが悪いことでも、失うことがダメなことでも全然ないんだよということ。そして、ひずみが起こるのは、進化の証だということ……。
いっぱい泣いて、いっぱい笑い、何かをして、失い、また得て、喜怒哀楽と共に進む、そのプロセスひとつひとつが、すべて豊かさと幸せにつながっています。
ですので、ドンと構えて、今を生きろと言いたいのです。

人は、必ず死を迎えます。
ということは、そのときを迎える、ぎりぎりまでは生き続けることができるということです。成長し続けることができるということです。
私たちは、いのちのサイクルにおいて、何度も生まれ変わり、死に

変わりを体験しています。ですので、生きるのもプロなら死ぬのもプロだったのです。
ちゃんと死ねますから、安心してください。
お迎えの来るそのときまで、精一杯、やりたいように、やりたいことを、心と体を通して、全身で味わい、楽しんでください。

できれば、笑って、楽しんで。分かちあって、触れあって……。
イイ気持ちと共に、この人生を存分に謳歌してほしいと心より願っています。

あなたは幸せになるようにできています。
豊かになるように創られています。

宇宙は、あらゆる出来事やモノや人をとおして、
いついかなるときも、あなたを守り、はぐくんでいます。
あなたのお母さんも、お父さんも、大切な人たちも、
あなたを守り、はぐくんでくれています。

そう、だから……安心していこうね。

Life is beautiful

人生は、素晴らしい。
ワクワクする、あなたの物語を紡ぎましょう！
はせくらみゆきでした。

ひすい × はせくら

[特別対談] 増量パワーアップ版に寄せて

発売直前に起こった二人のシンクロ、シャスタ事件

ひ この本が出たのは2014年10月、約６年前ですね。その発売直前に『起こることは全部マル！』を象徴する「シャスタ事件」があったので、その話からスタートしたいと思います。

2014年９月、映画監督の入江富美子さんの「へそ道」というワークショップに参加するために、僕はお弟子さん的存在のマコトさんとアメリカのシャスタに行きました。
その中で、ワークショップ参加者20名ほどで、山の中腹のハートレイクという湖に観光に行く日があって、僕らはテイクアウトでサンドイッチを買っていこうとお店に立ち寄ったんです。でも、そのお店は、全然、サンドイッチが出てこなくて、なんでこんなに遅いんだと思って、中を見てみたら店員が一人で漫画を読みながらめちゃめちゃのんびりサンドイッチを作っているんです。おい、おい、漫画読まずに早く作ってくれという状態で。結局、40分以上待たされて、ハートレイクには大幅に遅れて到着しました。

で、僕らの団体は、足早にハートレイクを目指し歩き始めたんですが、その瞬間、マコトさんが**「ひすいさん、大変です！！！」**と後ろから走ってきたんです。「ひすいさん、さっき山の公衆トイレに行ったら、日本人がけっこういたので話をしてみたら、なんと、『私たちは、

はせくらみゆきさんのツアーで来てます』と。はせくらさんがシャスタに来ているみたいですよ！」と慌てて僕に知らせに来ました。
外国でばったり知り合いに会うって普通ないじゃないですか。しかも発売1カ月前に、著者の二人がシャスタで偶然出会うって出来すぎです。入稿が全部終わって、1カ月後に本が出るのを待つだけというタイミングで、はせくらさんも偶然シャスタに来ていたなんて！

「はせくらさんはどこにいるの？」とマコトさんに聞いたら、「今は休憩時間で自由行動らしく、はせくらさんは山のどこにいるかはわからないんだそうです」と。
そう聞いて、僕ははせくらさんを探しに行きたい気持ちでいっぱいになったんですが、サンドイッチ屋さんで待たされたせいで僕らのツアーはすでに40分以上遅れています。勝手に入江監督のワークショップを抜けて、はせくらさんを探しに行くわけにもいかない。しかも山の中だけに探しようもないんです。
「本当は探しに行きたいけど、この状況では団体行動を崩せないし、言い出せないな」と思ってあきらめかけていたときに、マコトさんがみんなに大声で「はせくらさんが来ていまーす！」と告げて、ハートレイクとは反対のほうにいきなり走り出しちゃったんです。
僕らの団体は、みんながはせくらさんを知っているわけではないし、マコトさんもはせくらさんがどこにいるかわからないのに、山登りとは逆の方向に走り始めたのです。その勢いにつられて、僕らの団体はわけもわからずに、ひとまずマコトさんの後を追って走り出しちゃったんです。「何事？」って感じで（笑）。

は あそこを走ったというのがすごい。

ひ　木々をかき分けマコトさんは直感を頼りに山の奥へ奥へと猛スピードで走っていく。どこにはせくらさんがいるかわからない中を。みんなもわけもわからず必死についていきました（笑）。

は　よく考えたらすごい話よね。

ひ　で、突然、マコトさんが走りながら大声で「はせくらさーん！」と叫んだら、遠くから**「はーい」**という声が聞こえてくるじゃないですか。「え！！！！???　声が聞こえた。はせくらさんいるの？？？」って（笑）。で、「はーい」と、声がするほうに走っていったら、突然、巨大な岩が現れて。

で、その岩に、はせくらさんがいるじゃないですか！

はせくらさんは、右手を岩につけて、**「起こることは～？」**と言って、左手で半円を作って僕を待っていました。「起こることは～？」と問いかけられてるので、僕が答えるセリフは１つしかない。

僕ははせくらさんのほうに走って行き、はせくらさんが作ってくれていた半円に手を合わせて大きな円にし、**「全部マル！！」**と返しました。

その巨石は、なんと、ネイティブアメリカンの聖地のご神体だったんです。僕ら20人でかけつけたそのタイミングは、はせくらさんのツアーの休憩時間中だったので、はせくらさんも僕らのためにわざわざワークをしてくれました。みんな大感動で、わけもわからずこっちに走ってきてよかったという、すごいハッピーエンディングになって、マコトさん、ナイスと（笑）。

長々状況説明しちゃいましたが、ここからがポイントです。もし40分早く着いていたらどうだったでしょうか？　このタイミングで、巨石のある聖域で会えなかったんです。そう、ちんたらちんたらサンドイッチを作ってくれていたからこそ最高のタイミングで会えたんです。

漫画を読みながらサンドイッチを作っていた店員は「職務怠慢」ではなく、天の配剤としての「時間調整」だったんです！（笑）

本当に見事に「起こることは全部マル」なんだなとこの本の発売前に実感した「シャスタ事件」でした。

はせくらさんから見たシャスタ事件

は 今度はシャスタ事件を私側から話しますね。私はみんなでシャスタツアーで来ていました。ひすいさんがシャスタに来られているということはまったく知りませんでした。

ひ お互いに知らなかったんですよね。

は たまたまその日の明け方、夢で、黒いＴシャツを着た、サングラスをかけた人がフワッと現れたんです。そのことをほかの人に言ったら、「それって、なんかすごくカッコいい人なんじゃない？　すてきな出会いがあるかも」と言われて、ちょっとワクワクしていたんですね（笑）。
たまたまその日、ガイドさんに「ネイティブアメリカンが古代から大事にしていた巨石があって、それは奥のほうで観光地でも何でもないところですが、よかったら行ってみませんか」と言われて、「ぜひそこでワークをやりましょう」ということになりました。
そこはネイティブアメリカンの祈りの場所です。祈りの場所は、精霊とか、さまざまな思いがこもっているので、そこでワークをすることで、よき未来へとつながるきっかけが起こる気がして、その場所へ連れて行ってもらうことにしました。
そうしたら、本当に地理をわかっている人じゃないと絶対行けないような、何もない普通の森の中を奥深く入ってようやくたどり着いた場所に巨石はありました。
そこに私たちの団体、30人ぐらいで行って、ネイティブアメリカンの祈り言葉を唱えながらワークをしたのですが、もう、何とも感動的な展開になりまして……。一人ひとりが大いなるものに抱かれていることを感じる時間となりました。
そのときには、私も含めて、皆が変性意識状態になってしまい、通常の感覚に戻るのに少し時間がかかりそうだったので、私は急遽、クールダウンの時間として、皆さんに１時間のフリータイムをとってもらうことにしたんですね。

その時間、私はそのまま、巨石にもたれかかり、瞑想を続けていました。そうすると、黒い影が近づいてくるのを感じたんです。
「何だろう。これは夢に見た黒服の人かな？」と思って瞑想していたら、遠ぼえみたいな声で「はせくらさーん」と聞こえてきました。

びっくりして、思わず「はーい」と言ったら、どんどんその声が近づいてきて「エッ、何が起こっているんだろう。どうしてこんな誰も知らないような場所で私を知っている人がいるんだろう。まったくもって謎だわ」と思いつつ、呼びかけに答えていました。

ひ （笑）

は そうしているうちに、私の頭の中では、すべて起こることは、天では全部見えている中、完全完璧、ベストタイミングのベストなこと以外、起こってないというのが確信に変わってくるわけですよ。
その瞬間、森の中を訪ねてきてくれているのは、ひすいさんご一行に違いない！というひらめきが訪れました。そしてそのひらめきはほどなく確信となり、私は嬉しさを隠しきれずに、手を大きく上にかざしながら、半円を作る格好で「起こることは〜？」と叫んで待っていたのです。

するとほどなく、マコトさんに続いて、サングラス＆黒Ｔシャツ姿のひすいさんがダダダッと走ってきて、「全部マル」と言って、ガチッと大きなマルを合わせてくれたんですね。
その瞬間に、わかったことがあります。
それは、たとえ先が見えなかったとしても、全部マルで、それはすべてさらなるよき明日へとつながってるんだと。そしてそれは、
ちょうどいいことが、ちょうどいいだけ、ちょうどいいようにいつも起こっているんだ、と思いました。
それで、ちょうど休憩時間でもあったので、ひすいさんメンバーとともに、巨石を取り囲みながら、自然界やネイティブアメリカンの想いと共振し、未来へとつなげていくというワークをご一緒することができました。

深い瞑想とともにやっていくワークだったのですが、終わったらちょうど1時間が経っていまして……、もうばっちりのタイミングで、自分のツアーを再開することができました。あ……でもそのとき、私ちょっと思っちゃったんですね。
黒Tシャツの人はアメリカンのクールガイかと思ったら、ああ、ひすいさんだったんだ……と。

ひ クールガイでなくて、申しわけなかったですね（笑）。
「ちょうどいいことが、ちょうどいいだけ、ちょうどいいようにいつも起こっている」。宇宙ってそんなすてきな場なんですね。

シンクロが起こるわけ

ひ シンクロが起きるのは、どういうことから、どういうことで起きるんですか？

は ふだんの分離された意識（ベータ波）、通常の意識状態のときだとなかなか起こりづらいのですが、いい気分になっているとき、例えば旅やさまざまな自分にとって心地よい場所や時間を過ごしているときは、ベータ波ではなくてアルファ波、そしてそれ以上の意識になることがあるんです。
アルファ波、次のシータ波となると、意識から見える時間と空間の世界（時空）が、ベータ波で見ているよりもだんだん高くなって、同じ時空ではなくて、違うところの時空を見るんですね。
そこは**シンクロが起こりやすい場所**と言われていて、次元で言えば、三次元よりももっと上がっている状態のところです。意識は自由自在に動けるので、次元を超えますから。

＜意識と脳波のイメージ図＞

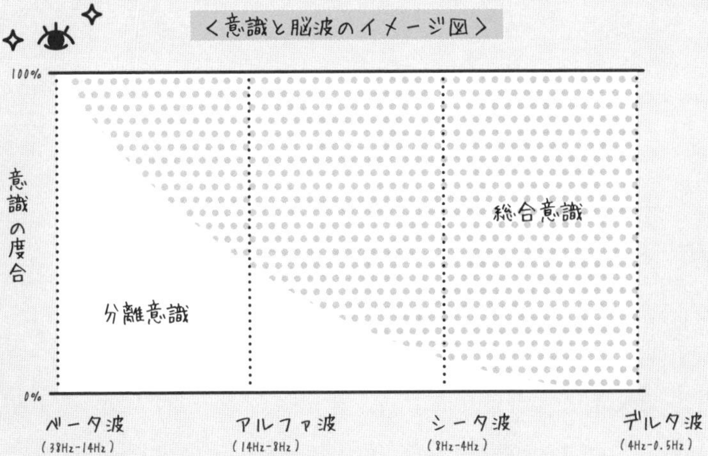

ひ 例えば、先ほどの「シャスタ事件」で考えると、急いでいるのにサンドイッチ屋さんで40分以上待たされるのは一見、不幸の現象とも見えるけど、「流れ」の中で見ると、実は、それが全部伏線になっていて「起こることは全部マル」になる。
人生を「点」で見ると幸・不幸があるけれど、「流れ」でとらえると、そこにはもう体験と伏線しかない。そして「流れ」は川の流れのようにすべてつながっているわけだから、その流れの中にシンクロは当たり前のように起きてくる。

は この「流れで見る」という感覚を、一例をあげて食物連鎖で見てみますね。もし、ライオンがシマウマを食べている映像を見たとします。すると、何とむごいことを……となりますが、全体のバランスから見ると、それも含めて、大いなる調和の中の一部なんですね。
物事を点だけでとらえてしまうと、つながりが見えなくなります。
この、つながりが見えない世界を、意識に当てはめると「分離意識」

と呼びます。脳波で言えば、通常の意識――ベータ波中心の意識です。分断された世界の中で世界を見つめるので、孤独を感じてしまいます。けれども、全体の中の一部としてある、という視点に立って世界をとらえていった途端に、見えるフェーズが変わるんです。

違うたとえでいうと、例えば、自分が映画製作者になったとして、映画を作るとします。そうすると、いつも順風満帆ばかりじゃおもしろくない……というか映画にならないので、この場面では落ち込んでもらいましょうとか、感動的なストーリーに仕上げるために、いろいろ設定したくなりませんか？　言ってみるとそんな視点でもあるんです。人生も一緒です。

すべての出来事は、さらなるよき明日への布石だと思って生き始めると、出来事という点だけで見て判断する視点から解放され、とても楽になるし、楽しくなってくるんですね。

ひ　もともと人生というのは、全部つながっている中で起きているから、そもそも本当はシンクロだらけの世界。人生はシンクロの海。

ただ、周波数が低い状態から見ると分離しているように見えてしまう。なんでシンクロが起きるかというよりも、もともとはシンクロの世界を、点で見てしまっているというのが実際なんでしょうね。

は　本当はたくさんのシン（同調する）とクロ（時間）（※Chronus・クロノスはラテン語で時を神格化したもの）なんです。

ただ、私たちを取り巻く世界は、「時間」を認識して生きる世界です。つまり、先が見えない。だからこそ、どのクロノスと同調して表すかというおもしろみがあり、その分だけ、可能性領域が広がっているんですね。だから、点しか見えないという恩恵もすばらしいんです。

とはいえ、実際は流れの中の一部としてある点だということを知りながら生きると、それがたとえどんなに理不尽なことであったとしても、「いやーん、これでますます成長が加速するじゃな〜い」となるんですよね。

相手を悪魔にするか、天使にするか

ひ 「点」ではなく「流れ」の中で見ると、「不幸」は「伏線」にできるって例を１つお話ししますね。去年、新潟で高島亮さんと、ある神社の神官の方と、３人でコラボしたんですが、１日目は200人ぐらいの講演会、２日目は30人ぐらいで縄文の遺跡を巡るバスツアーでした。

２日目のバス移動のときに、主催者さんがこう言ったんです。「30人全員の自己紹介は時間的にもできないから、バスの横１列４人で、この２日間の講演会と縄文ツアーで感じたことや気づいたことをシェアしてください」と。

僕のチームの４人にはご夫婦が１組いて、その奥様がすごいシェアを始めたんです。

「私たち夫婦は４〜５年前に一度ひすいさんに講演会でお目にかかってますが、昨日、ひすいさんがステージに登場したときに、余りにも太っているから、『あれはひすいさんじゃない』とうちの主人が言い始めたんです」と。

シェアってこの２日間の学びをシェアするはずなのに、このご夫婦は僕の体重のシェアを始めたんです（笑）。

「主人は、『あれは絶対ひすいさんじゃない』と言うけれど、私はちょっと面影があるから、ひすいさんだと思って、夫婦で言い合いになったんですよ」と。

僕は、「見る影もなく太っちゃったんだな」とガックリきて、どんどん元気がなくなっていきました。

バスの僕の後ろの人は、僕らのシェアは聞こえてないんで、バスの中で急に僕が元気がなくなって、ぐったり首をうなだれているので、バス酔いしているんだなと思っていたらしいですが、僕はそのご夫婦の発言に意気消沈してシュンと凹んでいたんです。

は ５年前、そんなにガリガリだった？

ひ はい。そういえば持ってる指輪も全部入らなくなっていた（笑）。指が太るという感覚がなかったから、むくんだのかなとか、指輪って放っておくと縮むのかなと思っていたけど、そうじゃなかった（笑）。

「僕が太ったんだ」とようやく自覚して、ガックリ落ち込みました。

さっきまで縄文ツアーを元気に楽しんでいたのに、このご夫婦のシェアを聞いて、元気のかけらもなくなってしまったんです（笑）。

シェアというのは縄文の暮らしを知って、こんな気づきがあったとかをシェアするのであって、僕がいかに太ったかをシェアする場ではないんじゃないか……。「このご夫婦は悪魔だな」と思っていたんです（笑）。その瞬間、閃いたんです。

「いや違う。このご夫婦を悪魔にするか、天使にするかは、俺が決めることができる」って。

は さすが、ひすいさん！

ひ 「この落ち込みをきっかけに、ダイエットを奮起しておかげで痩せられました」ということになったら、このご夫婦を天使にできる！

そう思ったら、こんなクイズを出したいと思ったんです。

「さて、このご夫婦は悪魔でしょうか、天使でしょうか」と。

で、答えは「悪魔じゃなくて天使です。その理由は、そのご夫婦の一言をきっかけに痩せようと決意して、本当に痩せられたんです」と。
そう思ったらワクワクしてきました。この話を本にも書けるし、ラジオでも話せる。あのご夫婦を天使にしようと思ったらワクワクしてきて、それでダイエットを始めたら２週間ですっかり痩せられたんです。

は どのぐらい痩せたんですか？

ひ 僕は体重計に乗らないダイエット法（数字に追われないダイエット法）を自ら開発し実践したので、体重ははかってないんですが、周りからみんなに痩せたと言われました。
体重計に乗らないダイエット法とは、とにかくよく噛んで、腹八分を心がけること。体重計に乗るとストレスになるから、体重計には乗らない。心がけるのはとにかく５日間だけでいいのでゆっくり味わいながらよく噛んで食べること。すると、胃が縮むので食べる量が少なくなって、勝手に痩せていきます。
とにかくゆっくり食べて、腹八分で、お菓子とかを極力減らす。ご飯は普通に食べていいというダイエット法で、僕の場合は２週間で痩せられました。この話をラジオとかでも話して、結局、そのご夫婦を天使にできたんです。
「起こることは全部マル！」というのは、この本の中にあるはせくらさんの言葉、**「すべての出来事は、あなたを高めるためにやってくる」**と対になっていると僕は思っています。
どんな困難も、自分を高めるきっかけ（伏線）にできる。
すべての出来事は自分次第で、「おかげさま」と言えるように変えられる。だから自分次第で、「起こることは全部マル」にできるんです。
困難という「壁」は「扉」にできるんです。屈んだ分だけジャンプすれば挫折は大いに元が取れます。

起こる出来事は、すべて自分の中に種がある

は　起こる出来事を、誰かの、何かのせいにしているときは、そこで終わってしまいます。同じステージなんです。
それが天使にしようと思った瞬間に、そこではないステージを選択しています。認識が変わった時点で、すでにもう出来レースができているんですよ。
もちろん、悪魔にするステージもあったんです。それだと、きっとハッピーではないんです。ハッピーではないという心を選択するという現実を選ぶこともできたけれども、天使にしようと思った瞬間に、ハッピーでいる道がメインステージに変わった。そして、そのプロセスを楽しんでいくということなんですが、もっと言うと、相手のご夫婦に「太っている」と言わせたのはひすいさんなんです。

ひ　おおお！！！　そこまで自作自演のからくりがあるということですね。

は　そうなんです。言わせたんです。そうするとひすいさんの表面の意識が落ち込むことを、もっと「深い自分」は知っていたからです。そしてこのやり方をすると、発奮して、より健康というか、自分が望む状態になることを自分自身の奥我が知っているので、ご夫婦にその言葉をわざわざ出させたのです。

ひ　確かに、そんなシェアをする人、普通はいませんものね。学びのシェアの時間ですから（笑）。

は　それはひすいさんにとっての学び。自分の中にあるもの以外、絶対に映りません。

ひ　鏡だから映らないですね。

は　自分の中にその周波数を持っている。言ってみたら、自分の中に種を

持っているから、鏡で映してもらったんです。

そういうものの見方をすると、自分の中の理不尽ないろいろな点として映るものは、さらにその次に移るためのステップとして、自分にあるものを鏡として映し出したというふうに考えて、人のせいにできなくなります。

人のせいにできなくなるということは、けっこうつらいです。

誰かや何かのせいにしているほうが、自分が傷つかなくて済むから楽です。でも、そうやって言わせた種も、自分にあるのだというところまで腹をくくる。全肯定するのはけっこう勇気が要るんですけども、その勇気がジャンプ台になって、全肯定したその瞬間に、ポーンと次のステージに行くのです。

ひ 相手のせいにしている時点で、イコール、「自分はこの現状を変えられない」と思っているわけですからね。相手が悪いと言った途端に、「自分では変えられない」という前提を作り出してしまうことになりますよね。

は 変えられないというか、変えたくないんです。人生はマルチチャンネルなので、**本当はたくさんの可能性があるのです。**

その中で、自分はこの同じ番組しか見ないよと宣言しているのと一緒です。もちろん、それもオーケーなんです。ただ、すぐ隣には、おもしろい番組があるのです。

ひ 要は、自分が起こしていると思ったら、自分で変えられるということですね。

は そうです。**いつでも変えられるんです。**

ただ、自分自身だけだったら、気づきづらいので、ほかの現象とか、誰かとか、何かを通して見せてくれる。でもそれは、「見せてくれる」というよりは、自分の深いところが「それを見たい」と選択したからなんです。

そんな意味で、起こることを全肯定する。起こることは全部マルというふうに言い切った瞬間、もう自分がさらによくなる可能性のところに意識がスライドしているということと同じなんです。

ひ マルにすると決めたら、オセロのようにパタパタパタと黒が白に変わっていく。

は はい、そうです。意識のオセロゲーム、光のオセロゲームといいますか、「マル」と言った瞬間に、自分の本質がより望むところ、未来と呼ばれているところ、本当は「今」なんですが、そこと接続しているということです。

嫌い、許せないという感情とどう向き合うか

は 他人に「太っている」と言われたら嫌だけど、そこで言った相手を天使にしたいと思う気持ちがマルにさせたんですよね。太っているという現実を認める。本当におもしろいんですけど、

認めた瞬間からすべて変わります。

例えば、誰かのことが嫌いとします。嫌いというのは感情だから、それはすごく自然なんです。でも嫌いとか、あるいは許せないとなったら、そういう自分のことが嫌になってしまう。それで許そうと思ったり、嫌いじゃなくなろうと思ったりするけれど、無理です。だって嫌いなんだから。だって許せないんだから。

それは自然に湧き起こる感情なので、私の場合、嫌いとか許せないというのが湧き上がったら、そのまんま、

「私は嫌いを許します」

「許せないそのものを許します」
と言って、起こってくる感情をそのまま肯定しちゃうんです。
そうすると、逆らわないんです。嫌いでいることが嫌だというと苦しい。許せないことを許そうとするのはすごく大変です。でも、許せなくていいと、許せないということを許してしまう。嫌いでいることを許してしまう。そうすると、無抵抗になるので楽になります。

嫌いとか好きというのは、人であるからこそ生まれる感情ですけれど、もっともっと人の部分、顕在意識の部分ではなくて潜在意識のさらに奥の超意識の部分は、魂と呼ばれているようなところなので、そこは嫌いも好きも、許すも許さないもなくて、本当に大いなる愛があるだけなので、そこに**「委ねます」**と言ってしまうだけ。
「委ねます」というのは、その思いごと持って帰ってもらうという感じかな。光還元しちゃうんですよ。
そうすると、その感情のところがからになります。そのからのところに、頑張っている自分に、「愛しているよ」と言うんですね。そうすると、いろいろな感情を私は錯覚と呼んでいるのですが、錯覚が愛に変わります。
日常の中のちょっとした出来事、足を踏まれて「アッ、痛い。ムカつく」というのは自然なものです。でも、「ムカつく。嫌だな」という感情をその後ずっと持ち続けるのは、それはハッピーじゃない。

例えば、きょう電車が急ブレーキをかけた途端、体勢を崩して、私は隣にいた女性の服に少し触れてしまったのですね。すると彼女は、ものすごい形相でこちらを睨んできました。私はその表情に驚いて、「嫌だな」という気持ちを抱きました。けれども、嫌だなという気持ちを持ち続けるのはハッピーではないので、私は「彼女を嫌だなと思う思いが生まれたのを、許します」と心で言いました。
そして、「嫌だなと思うその思いをまるごと内なる叡智に委ねます」と言って、嫌な思いを黒い塊にみたて、内なる叡智に預けたのです。
すると、またたくまに黒い塊がピューンと飛んでいって、空間がからになるのを感じました。そこですかさず、からになったその場所に、「愛しているよ」と言い「不安や怖れ、疑い」を「愛」(の周波数)に戻していったんです。
そう考えると、ある意味、嫌なことがあるというのは、自分の中にあるまだ満たされていない心の空間が、愛へと戻っていく、ひねりのきいたギフトなのかもしれません。そう感じた瞬間、そのおばさまにも優しいまなざしを向けることができました。

トラブルに出合っても「次は何が来るかな」

は　そんな日常生活の中のちょっとしたトラブルや思いを、光還元していく作業をするときの大前提は、「起こることは全部マル」という思いを持つことです。そう思った瞬間、変わります。
物事に抵抗している、否定している、批判しているところでは、そこに対して摩擦が起こっている状態なので、自分自身が疲れます。ストレスになります。
でも、その起こっているもの、見ている、現象としてあらわれているその種は、自分の中にそれを見たいと思っている周波数があったから見ているんだなということを知ってしまうと、「全部マル」と言うしかなくなります。「抵抗してもしょうがないじゃない」となってくるんですね。

だけど、その段階でも、より進化している次の時空が見えています。

進化というのは、より自分の霊性が高まって神性意識に近くなっていくことです。

最初の話に戻すと、サンドイッチ屋さんがすごくタラタラしていた。それは嫌なことではあるけれども、「さらなるよきこと」のために起こっているという考え方になるので、「おもしろくなってきたぞ。次は何が来るかな」というふうに、イライラをワクワクに変えてしまう気がします。

ひ 現在から未来を見たら、不安になる。でも、すべてはさらなるよきことにつながっていると思えたら、現実をおもしろがれる。

意識が現実に負けていない。びびっていない。

この違いは大きいと思います。

は そうですね。でも認めるのは、割とつらかったりしますよね。

ひ なかなか受け入れられないこともある。

は 自分の中の受け入れたくないものを、認めなくてはいけないことは往々にしてあるでしょう。

ひすいさんにとって、太っているというのは認めたくないというか、ちゃんと周りがわかるぐらいに落ち込むことだったんですよね。でも、落ち込めば落ち込むほど、その分だけパーンと光還元していくことになります。

ひ 落ちた分だけ、光還元できるわけですね。

は それ以上だと思います。少なくとも落ちた分以上ですね。落ちた分がある意味、最小のところで、それ以上にパーンと変換できます。

ひ さっきのはせくらさんの電車の例で言うと、日常のちょっとしたイライラをきっかけに自分の愛を深めていく過程にできる。

光還元すれば、恐れを原料に愛を製造できる。イライラが愛に変わるわけですね。

は イライラがヒラヒラと飛んでいく感じですね。

ひ まさに「起こることは全部マル」になっていく。起こることは全部光還元できて、愛に変わっていくということですね。問題が起きるたびに、それを光還元すればこの世界に愛の総量が増していく。問題の数だけ光に変換できる。

は そうですね。どうやら宇宙には、すべては愛に向かって生成発展していくという法則性があるようなんです。

愛というのは、普通に「愛」とも書けますし、天の意思、「天意」と書いて「あい」とも読めるんですね。「天意」こそが愛そのもの。

では、愛とは何かというと、狭義の誰かを好きというのももちろんあると思います。それも愛の中の一部なんですが、そこだけでなくて、宇宙全体に流れている天の意思であり、調和であり、神と言ったら何か特別なものを思ってしまうかもしれませんが、そうした「人知を超えた大いなるものの意思」そのものが愛なのではないかという気がします。

完全調和と置き換えてもいいかな。それが愛なので、そこに向かって戻っていこうとする働きが、今すごく強くなっていると思います。

もともと私たちは愛というところから生まれてきて、そして二極分離を通してこの世界を楽しんでいます。でもこの分離、2つに分かれる、陰陽に、極性に分かれることによって、この違いから愛を学び、体験することができる。言ってみたら、神様の遊びをしているかもしれないです。

そういう意味では、起こっていることに対して、嫌だ嫌だという抵抗の中で生きるよりは、もう「マル」という、ある意味、神様のフィールドの中で、神遊びの中で今やっているんだなと、諦めてしまうほうが楽かもしれませんね。

人生を変える秘訣

ひ 『７つの習慣』という世界的にベストセラーになった本の中で、著者のスティーブン・R・コヴィーさんが、「人生において小さい変化を求めるのだったら、行動を変えればいい。大きな変化を求めるなら、パラダイムを変える必要がある」と言っています。
行動を変えることが人生を変える秘訣のように思われていますが、大きい変化を求めるなら、「認識（パラダイム）」を変えることなんだと。「起こることは全部マル」という認識のパラダイムシフトが、実は人生を大きく変える革命の扉になると思います。

は 思いのレベルが固まっていったものが信念になりますよね。そして、信念が思想になっていく。信念に基づいて行動が生まれて、行動が習慣を呼んで、そしてその習慣が人生を変えていくので、根っこにあるのは思いの部分です。
何をどうとらえていくかという認識の部分が根っこにあるので、この根っこのところが変わると、全部が自動的に変わってしまいます。その中で変容を起こす核の１つになるのが、起こることを全肯定すること。起こることをマルととらえていくことが、未来でも過去でもなく、今この瞬間に根っこをおろして**変容させるキーワード**になっていくと思います。
この本の中でも、悩みというのは、過去か未来にしか存在しないと言っています。言葉をかえると、未来というのは、希望と予測の中にしか存在しない。言ってみると、希望や未来を思っている今があります。過去というのは、記憶の中にしか存在しませんから、その記憶を取り出している今があるんです。過去を見ている今なんです。

となると、私たちは今この瞬間にしか生きられない生物なんです。未来というのも、今、今、今、今が、接続されたその認識の中にあるというふうにとらえていくのです。そうすると、

今この瞬間がパワースポットなんです。

これを神道では「中今（なかいま）」と呼びますが、今この瞬間を全肯定する。今この瞬間にマルと言った途端に、過去でもなく、未来でもなく、今に力がグッと集約できるのです。

今この瞬間をパワースポットとしたときには、認識の世界で言えば、１オクターブも２オクターブも上がれる。パラレルジャンプなんですけど、この言葉を実践する瞬間に、トランポリンで飛び上がるみたいな感じでポーンと上がって、より高い今になるのです。

ひ　ただ、ただ、今に戻ってくる。それが本当の「ただいま」ですね。お帰りなさい。

パラダイムシフトへのチャンスに気づく

は　「起こることは全部マル」と思えないことも自由ですけど、マルと思えないと、トランポリンからズボッと落ちて、同じ今になる。それでも全然いいんですよ。ただ、それが苦しいのであれば、チャンスは毎瞬、毎瞬、訪れているということでもあります。

ひ　僕自身、この本の中にも書きましたが、人生の浮き沈みをグラフで描いてみたときに、苦しいときほど、その先のすごい未来の下ごしらえ

（伏線）期間なんだと気づきました。

例えば、僕は、赤面症で、人見知りだったのに、そんな僕が社会人になり、一番やりたくない営業職に配属されてしまった。全然売れなくて悩んだんですが、だったら相手に会わずに売る方法を見つけるしかないと思って、それがきっかけとなって「書いて伝える」という道を見出しました。それでコピーライターをやるようになり、作家に転身するきっかけになりました。僕の場合、赤面症で人見知りだったからこそ、今、作家になれたんです。

そういう意味では、人見知りも赤面症も全部マル。

どん底ほど新しい未来の扉になっている。

今のどん底が、未来のどういう伏線につながっていくかはいくら考えてもわからないと思いますが、20年前、10年前の過去の辛かったことを丁寧に掘り起こしてみると、あの辛かったことは、こういう未来につながっていたなというのがわかります。

自分の過去の辛かったことを「そのおかげでどうなったか」という視点で見直したときに、あらゆる過去はギフトであると確信し、起きることは全部マルだなと、未来を信頼できるようになりました。

は きっと一人一人の中にそういう物語があると思います。そう思うと、過去を悔やんで「あのときこうだったから、今こうなんだ」ではなくて、「過去がこうだったからこそ、今がある」という変換が起こってきます。

もちろん「過去がこうだったから、今こうなんだ」と悔やむ自由もあります。でも、「この過去があったからこそ、今がある」というものの見方になった瞬間に、パラダイムシフトが起こっているということですね。

こういうパラダイムシフトが訪れるチャンスが、本当に毎瞬、毎瞬あると思ったら、人生は可能性の宝庫でしかない。
特に心が浮き沈みするようなことがあればあるほど、ドンと落ちるので、落ちた分、ポーンとトランポリンで上がって、さらなる高い現実、私たちの内側がもともと持っている愛の状態により近い状態へとシフトしています。そういう見地になったら、起こることが怖くなくなります。
例えば、予防注射。待っているときのほうが怖くないですか？
「痛そう」と思って、どんどん自分の番が近づいてくる。打たれるときはちょっと痛いけど、その一瞬だけです。そう思ったら、その前の不安の要素は、そこまで不安にならなくてもいいということにあるとき気づいたんですね。

トラブル＝ネタ

ひ 自分の人生も本当は選べるということですね。
は 人生という、漠とした先の見えないものによって踊らされるのではなくて、自分が人生のかじを取っている、操縦席に立って操縦しているという意識です。
飛行状態が悪かったら、「じゃ、違うほうに行こう」という感じで、選び直しもできる。起こることは全部マルというのは、いったんニュートラルに戻して、そしてさらによきほうにかじを切るというスイッチャーになる気がします。
ひ 「どんなつらいことも　悲しいことも　嬉しいことも　楽しいことも　みんな　いつかのいい日のためにあるのよね」。これは笹田雪絵さんの言葉なんですが、自分の人生を振り返ったときに、一番思ったことですね。**「みんないつかのいい日のためにある」。**

そこを信じられたら、エンディングが決まっていますから、いつかのいい日につながっていく。そのいつかのいい日というのは、自分の想像を超えるいいことにつながっている。

そこを受け取れると、いちいち起きることに一喜一憂しなくてすむんです。一見、楽しいことだけではなくて、サンドイッチ屋さんみたいなことも起きるけれど、それも含めて全部、想像を超えるいいことにつながっていくと思えると、人生、すごく楽しめます。

は 私は毎朝、起きるときに**「きょうはどんなミラクルが起こるんだろう。楽しみ」**と思うんですね。想像を超えたミラクルを楽しむために、きょうという日があるというふうに、先に設定しちゃうんです。そうすると、たいてい起こります。

ひ それはいいですね。僕は『ゆるんだ人からうまくいく。』を一緒に書かせてもらった叡智の巨人、植原紘治《うえはらこうじ》先生から、「とにかく何が起きるかは宇宙に任せて、ウフフッと喜んでいるところから１日をスタートするといいよ」と教わりました。

それで、毎朝、想像を絶する嬉しいことが起きたときにするであろう笑顔で「ウフフッ」と笑って一日を始めるようになりました（笑）。

すると毎日が本当に嬉しい毎日になる。僕は初めてやったその日にすごいいいことがいきなりあって、それ以来毎日やっています。この朝の儀式、３秒で終わるので、あれこれ考えなくていいのでこれは続くんですね。

は いいですね。

ひ 「夢を叶える学校」の校長先生の武田葉子さんにその話をしたら、「私とやっていることが同じ」と驚かれました。夢を叶える学校の校長先生だから、夢を叶えるプロなんですけど、その先生がやっていることが、植原先生が言った「ウフフッ」と一緒だった。

ただ、「私はちょっとだけセリフが違います。私はウフフッじゃなくて、**グフフッ**」と言っていましたが（笑）。ウフフッとグフフッ、根本は一緒です（笑）。朝起きたら、ウフフッと想像を超えるウフフッなことが起きると決めて、先にウフフッとニヤニヤしちゃう。ゴールだけ先に決めて、ウフフッで一日を始める。

はじめよければ、終わりよしです。

は ハッピーしか起こらないと決める。でも、アンハッピーなこととか、トラブルとか、やっぱり起こりますよね。そんなとき、私の中では、それはすべてネタにしか思えないんです。「来たな、ネタ」という感じで、本当に大変なときこそ「おもしろくなってきたぞ」と思うので、本当におもしろくなってくるんです。

そうすると、例えば理不尽に怒られても、その怒っている人のしわの形がおもしろいとか、笑いのポイントをつい探してしまう。

ひ 22世紀の辞書は、きっと「トラブル」＝「ネタ」と書いてあるでしょうね。

うちの息子もまさにそうで、「トラウマ」＝「ネタ」になっています。息子は今、高校生なんですけど、赤点王なんです。学年で一番赤点が多くて、先生に「脳みそが腐っている」とまで言われました。

そんなふうに言われたら、人によってはトラウマになると思うんですけど、うちの息子は、「おまえは脳みそが腐っている」と言った先生の物まねを我が家でやって笑いをとっているんです。先生の言葉でトラウマになることもできるし、ネタにしてみんなを笑わせることもできる。選べるわけですよね。

うちの子は順調に赤点王をやっているんですが、ある日、先生が励ましてくれたんです。「高校２年に進級できたら、うちの学校は遠足でディズニーランドに行くんだ。だから先生は君と一緒にディズニーランドに行きたい。だからがんばれ」って。
でも息子は、「俺は別に進級できなくても、その日、プライベートでディズニーランドに行くから」と言って、まったく気にしてないんですよね（笑）。

は 大物です。すばらしい。

ひ 先生の愛情だいなし（笑）。なんとか進級できて高2になったときも、「俺、今年は高1の友達を増やす」と言うので、「なんで？」と言ったら、「留年しても友達が減らないように」（笑）。留年を前提にがんばってるんです。努力の方向が違うだろって（笑）。

人生はプレイランド

は 画一的な価値観、「こうすると幸せです」とか「こうするべき」とか「こうするものでしょう」というのは、常識という名に縛られた小さい範囲のことなんです。その枠から出てしまっても、世界はとっても広いし、それも全然ありなんです。
もし、お金に不安があるのであれば、例えばグローバルリッチリスト（http://www.globalrichlist.com/）をして、自分の立ち位置を調べるというのをやってみたらいいと思うんです。それで自分の貯金とか年収とかの世界ランクを知ると、ほとんどの日本人はびっくりしますよね。

ひ 年収300万円だと、世界的にはトップランクのお金持ちに入りますからね。

は 200万円でもかなり上です。そうなると、本当に世界って広いんだと思うので、例えば頭がいいとか、お金はこれぐらいとか、仕事はこれという、そこだけが正解では全然ないということを知っていく。

知りながら生きていくことは、これからの時代、すごく大事な気がします。

そんな中で起こってくるものは、言ってみたら、そういう種が自分自身の中にある。これを経験することで、さらによくなる、さらなる次のステージに行くということを深いところでは知っているから、そういう現象を見ているというか、起こしている。

起こしているというのは魂からの言い方なので、表面の意識から見たら、そんなことが起こってしまった。でも、まさかということは、さらなる喜びを連れてくるお楽しみ現象なんだと思って、目の前のできることを１個１個やっていく。

「人生はプレイランドだ」ということで、どんな遊具に出合えるかなと楽しんでいく。たまにはお化け屋敷もあるかもしれないし、ジェットコースターもあるかもしれないけれども、そういうのに乗りながら楽しんでいく。人生はそういうすばらしい創造のゲームなんだなと感じます。

ひ　人生とはバカンスであり、人生とは冒険であり、人生とはプレイランド。喜怒哀楽全部あってこそのプレイランドであり、大冒険ですもんね。そして、人生とは愛すること。すべての出来事はあなたの愛を深めるために起きている。そう考えたら、起こることは全部マル！

は　チベットのことわざに、**「食べるのを半分に、歩くのを２倍に、笑うのを３倍に、そして愛するのを無限大に」**というのがあるんです。

ひ　めっちゃいいですね。

は　私たちは、愛から生まれて、愛を生きて、愛に還っていく旅人だと思います。その中でのドラマが、人生の中で起こってくるさまざまな出来事で、それはすべて愛に戻っていく旅路のゲームであり、旅路の贈り物ということなのかなと思っています。
瞬間（present）がプレゼント（贈り物）であるように。

パラレルワールドの扉

ひ 「マトリックス」のウォシャウスキー監督が作った「クラウド　アトラス」って映画が僕はすごく好きで、トム・ハンクス演じる主人公の生まれ変わりを500年のスパンで、６つの時代と場所で描いてるんです。最初は、トムハンクスは悪人なんですが、さまざまな数奇な経験を経て、生まれ変わるうちに、ついには世界を救うまでに魂が成長していく物語。
500年という生まれ変わりのスパンで人生の流れを見ると、いいことも悪いことも、思いどおりにいかないことも、すべては、
「愛を深める物語のプロセス」なんだと映画を見て体感できたんです。主人公の愛を引き出すのが、悪役だったりするんです。敵役も愛を深める大切な役割だとわかります。

は 「マトリックス」と言えば、これがマトリックスから抜け出るということかもしれませんね。より本質的な、マトリックスの向こう側から見ていく世界。人生に対して起こることは全部マルと思えない暮らしというのは、マトリックスの中にある価値観の中にいるということなんです。でも、マルと言った瞬間に、マルに穴があいていて、マトリックスの向こう側からも見ている。たくさんのマトリックスがあって、それを選び取ることができる。

ひ 起こることは全部マルというパラダイムシフトが、パラレルワールド（新しい時空）に行くための入り口（マル穴）ということですね。

は そうですね、扉ですね。

ひ このあと出版される僕とはせくらさんの共著第２弾のテーマがパラレルワールドっていうのもまさにドンピシャだったわけですね。

は ぜひそこを深めていきましょう。マルと言った、そのマルの向こう側にある世界を提供したいと思います。

ひ 「クラウド　アトラス」の話に戻っちゃいますが、あの映画を見ていて思ったのは、人生にはなんでこんなことが起きているのかという理不尽なことも当然あるのですが、500年という生まれ変わりの中で見ると、全部が愛を深めるための１つの曲になっているのがわかる。６つの生まれ変わりで六重奏。

は １回見ただけでは全然わからない。

ひ 主人公のトム・ハンクスの周りにいる人たちもみんな生まれ変わってますからね。特殊メイクで男が女に生まれ変わる人もいる。１回見て、解説をネットで検索して調べて、もう１回見るといいですよね。

は そうですね。１回見ただけだと、同じ人だとわからない。だけど、おっしゃるように、あらわれは悪役でも、愛を引き出すきっかけになる。

からくりで言うと、ご縁のある人ほど、ちゃんと悪役で出てきてくれるのです。だって悪役なんてやりたくないでしょう。でも、裏切られるとか、とっても落ち込むことを通して愛に気づくから、「だったら私、喜んで悪役をやるよ」と言って、この世界の中では出てきてくれたりするのです。

ひ 「アイツは悪役だ」じゃなくて「悪役をやっていただいている」わけですね。しかも友情出演でノーギャラで演じてくれている（笑）。さっきのはせくらさんの例で言えば、脚本は自分で書いて、配役をお願いしているということですね。

は そんな感じです。人生においてダメージを与えてくれる人、感情的にとても揺さぶられる相手というのは、自分がちゃんと心を許している人でないとできないわけです。
そんな役、頼めないじゃないですか。なので、「ごめん、このときに思いっきり私を落としてくれる？」「わかった、じゃ、やってあげるよ。あなたにはお世話になったから」みたいな感じでやってくれるんですよ。

ひ 「ひすいさんとは思えないぐらい太って、見る影もない」と言ってくれたご夫婦は、見事に僕をドン底に突き落とす、アカデミー賞助演クラスぐらいの名演技をやってくれたわけですね（笑）。

は そのからくりを知ってしまうと、怒るに怒れなくなるんです。

ひ 感謝しかなくなってくる。

は 三次元レベルでは、相手が自分に対してものすごく非難して「なんてやつだ」と言うかもしれないけれど、「なんてやつだ」と言ってくれることによって、自分のまだ気づいていなかった可能性と世界が広がるので、もっと本質的なレベルでは「よくぞ言ってくれた」。
「おまえのことなんか大っ嫌いだ」と言われても、「本当は私のこと大好きなんでしょう」と思うわけです。

すべての道は愛に通ずる

ひ この宇宙は紆余曲折ありますが川が必ず海へ向かっていくように、愛が深まる方向、可能性が広がる方向に人生はちゃんと流れていっているということですね。

は そういうことです。すべての道は愛に通ずる。

ひ 愛というのは、より楽しくなる方向だったり、より可能性が広がる方向だったり、よりつながりが深まる方向にということですね。

は 自分が持てるすべてのよき言葉、喜びとか、楽しさとか、その自分が広がっていく、解放されていく方向に向かって、ザーッと愛の川が流れていると思ってください。

でも、広がっていく、愛が深まっていく方向に行くためには、それとは反対の体験が必要です。そうでないとわからないから。

これが**完全大調和**ということなんです。完全なる大調和の中だったら、愛そのものだから、愛のようではないものというのがわからないんですよ。ぬるま湯というか、完璧すぎて。

なので、そうではないと思われるものを作り出してみました。物理では「量子もつれ（quantum entanglement）」と言われる自発性の破れを作ることによって、ちょっと不均衡を出してみた。

そこからどんどん広がって、今の宇宙ができてくるんですけれども、完全調和のところに戻ろうとしていく働きがあります。

なぜと言われたら、私たちはもともとそこから来ているから、愛の形状記憶装置が自動で発動してしまうのです。起こることは全部マルというのは、愛の形状記憶装置が加速することです。

Beautiful Harmony へと向かう

は 私たちはこれから、完全調和の場と呼ばれているものと、令和の英語訳、Beautiful Harmonyに向かって歩を進めていくのだと思います。

具体的には、Beautiful Harmonyへと至る窓が、起こることは全部マルというマルの窓なんです。そのマルの窓は、出来事で言えば、そこに対する完全肯定、I'm OK。

いいことであれ、悪いことであれ、どんなことであれ、「起こることは全部マル」と言った瞬間から、窓を通ってポンとBeautiful Harmonyへと至る扉が開くと思います。

ひ 今回の対談は、「起こることは全部マル」というパラダイムシフトの背景を言葉にできてすごくよかったですね。

「起こることは全部マル」という認識が、**新しい時空（パラレルワールド）**を見通すマル穴になっていたなんて、よくできている話（笑）。

は これは令和になったからかもしれないですね。今だからこそ、いよいよこれを実践として生きていくという気がするんです。

これからAIの時代になると言われていますから、AIの時代になればなるほど、私たちが持っている心の見方、この認識を形作る窓は感性なんです。

例えば、マルと思う心の働き、そういうふうな感覚でいるということが、霊性を高めていく。よりBeautiful Harmonyの場へと近づく道しるべとなっていく。その始めの一歩であり、確実なる一歩を踏み出すためのものが、「起こることは全部マル」という１つの認識の手法、意識のお作法になるのかなと思いました。

ひ 「起こることは全部マル」とすることで足場が固まるイメージがあります。現在をマルと肯定することで足場が固まり、望む未来へジャンプできる。

そして、Beautiful Harmonyには、自分らしさの花が咲いていくというイメージがある。

は 画一的ではない、より自分らしく伸び伸びという、その足場であり、種であり、その種がすくすくと育って、パカッと自分らしい花が咲いていく。決してみんなと一緒ではないというのが、これからの令和時代なんだと思います。

起こる出来事も、いろいろな現象も、それぞれ個々に違いますし、それぞれの課題や、それぞれの種があり、マルとすべき場所がある。でもマルと言った瞬間に、そこからあなたらしい最高に美しい花が咲いていくということなのかなと思います。

ひ 伊勢神宮の森の中には、いろいろな植物や木があって、それぞれ高さがみんな違う。高さがみんな違うことで、みんながちょうど日を受けられるようになっているそうです。

逆を言えば、自分らしくなっているときは、実は周りとも調和がとれている。自分らしさを開花させたときは、自然に周りと調和して、勝手にBeautiful Harmonyになっている。

は 今までは人間だけの視点で、高くてカッコいい木がいいと思って、そこを目指したと思うんです。けれどもこれからの時代は、地上から上を見て、あんなふうになりたいというのではなくて、天から見おろして、「ワア、いろんな高さのいろいろな種類の木がある。それってすてきだよね」と思う「天なる視点」を持つことだと思います。

マルというのを言いかえると、天からののぞき穴のような視点を持って、それぞれのBeautiful Harmonyの花を咲かせる。

それは別に１個だけではなくて、その場その場、その瞬間瞬間、Beautiful Harmonyの花を咲かせるというところまで行くのではないかなという気がします。

ひ 「起こることは全部マル」は、天ののぞき穴で、そこから花開くのが始まっていくということですね。

は　もちろん地上のマルからフワッと伸びていく花であると同時に、天から見たのぞき穴で、ワア、すてきな花が開いているね。きょうはどんな花を咲かそうかな。どんな森を作ろうかな。どんな木になろうかな。何にでもなれるし、何でもやれるという、多次元的なもの。

ひ　マルが天ののぞき穴だったわけですね。

は　はい、そうです。

ひ　すべての出来事は自分を高めるために起きていて、すべてを自分次第で、望む未来にジャンプできるきっかけにできる。だから、「起こることは全部マル」であり、そのマルは、本当は、天ののぞき穴のマルであったと。そこから見える世界をどう遊んでいくか、というのが僕らの使命ですね。

は　そうです、遊びです。遊びをせんとや生まれけむ！　です。

時代は今、急速に変化しています。ともすれば、自分を見失いそうになるかもしれませんが、そんなときこそ「起こることは全部マル！」という認識の世界——つまり、逃げるのでもなく、戦うのでもなく、調和とともに進む、**完全肯定、積極果敢な気（エネルギー）が必要となってくるわけです。そうすることで、必ずや次の一手が開けてくることでしょう。**

さあ、デン！　とかまえて、朗々と進んでいきますわよ。

その向こうには、嬉しい奇跡ばかりに包まれている高振動の地球が、もうすでにちゃーんとあって、私たちが来るのを今か今かと待ちわびているのですから。本当のことを言うと、もう悩んだりしている時代ではないのです。

地球独特の感情ドラマ体験に埋没するストーリーから、より高い視点をもって、人間という生ける神々が、今、新しい神話を創っているのだ！　というぐらいの心意気をもって、この大艱難の時代を、タフに、そしてパワフルに乗り越えていく時なのですね。

本日は、すてきな時間を共創できたこと、とても嬉しく思います。これからもそれぞれに、「起こることは全部マル！」で、軽やかに進んでいきましょうね。

誠にありがとうございました。

ひ こちらこそありがとうございました！

人生は100年の夏休み。思い切り遊びましょうね。

★最後に１つお知らせ。

僕はマサくんという友人と、自己啓発系お笑いユニット「グリーンズ」を結成して毎日ユーチューブで１０分ネタを配信しているのですが、はせくらさんにもゲスト出演いただきパラレルワールドについてたっぷり取材しています。

YouTubeで「グリーンズ　はせくらみゆき」と検索すると出てきます。よければお聞きくださいね。

https://www.youtube.com/watch?v=1HoLT2q5g00

★そして、そして、はせくらみゆきさんとのコラボ第２弾。

最高の時空（未来）の選び方、予祝とパラレルワールドについて、現在、執筆中です。ぜひぜひ読んで欲しい１冊です。またそちらで逢いましょうね。

では、最後まで読んでくれたあなたはカバーうらの袖についてるプレミアムチケット「新生地球への招待状」を受け取りくださいね。

ハッピーニューアース♪

★ 音の解体新書『おとひめカード』のご案内 ★

［著者・開発者］はせくらみゆき

おとひめカードとは、日本語50音が持つ響きを、アートと言葉によって表した画期的な現実創造ツールです。子どもから大人まで楽しめる日本語教育ツールでもあります。詳細情報は下記まで。

▶はせくらみゆき公式サイト
http://www.hasekuramiyuki.com/

〈出典・参考文献〉

『カルマからの卒業』はせくらみゆき（ヒカルランド）

『「ありがとう」でヤセるヒーリングダイエット』はせくらみゆき（祥伝社）

『アイムパーフェクト！』はせくらみゆき（経済界）

『宇宙のリズムにそった生き方』はせくらみゆき（きれい・ねっと）

『チェンジ・マネー お金の価値を変えるのは日本だ‼』
船井勝仁・はせくらみゆき（きれい・ねっと）

『おとひめカード』はせくらみゆき

『人生が１００倍楽しくなる名前セラピー』ひすいこたろう＋山下弘司（マイナビ）

『THE BEST OF ３秒でHappyになる名言セラピー』
ひすいこたろう（ディスカヴァー・トゥエンティワン）

『ニッポンのココロの教科書』ひすいこたろう＋ひたかみひろ（大和書房）

『ザ★バースデー』ひすいこたろう＋藤沢あゆみ（日本実業出版社）

『あした死ぬかもよ？』ひすいこたろう（ディスカヴァー・トゥエンティワン）

★ひすいこたろうプロフィール

作家・幸せの翻訳家・天才コピーライター。「視点が変われば人生が変わる」をモットーに、ものの見方を追求。衛藤信之氏から心理学を学び、心理カウンセラー資格を取得。『３秒でハッピーになる名言セラピー』がディスカヴァー MESSAGE BOOK大賞で特別賞を受賞しベストセラーに。他にも『あした死ぬかもよ？』『前祝いの法則』などベストセラー多数。近著はおバカな息子の名言集『できないもん勝ちの法則』『パズるの法則』がある。４次元ポケットから、未来を面白くする考え方を取り出す「この星のドラえもんになる！」という旗を掲げ日夜邁進。

▶オンラインサロン『ひすいユニバ』を運営し毎月２回スペシャルレクチャーを配信中。
▶自己啓発系お笑いユニット「グリーンズ」を結成し、YouTubeで毎日ネタを更新中（「グリーンズチャンネル」ぜひ登録して聞いてみてね）
▶メルマガ『３秒でHappy？ 名言セラピー』
▶ひすいこたろうオフィシャルブログ：http://ameblo.jp/hisuikotarou/

★はせくらみゆきプロフィール

画家・作家。芸術から科学、教育、経済まで多方面に精通するマルチアーティスト。北海道出身。現在、イタリア・フィレンツェと東京の二拠点を中心に、個展やセミナーなどで活躍中。詩情あふれる作品は、国内のみならず世界中に多くのファンを持つ。国際アートコンペ世界三位受賞。英国王立美術家協会名誉会員。（社）あけのうた雅楽振興会代表理事。主な著書に『令和の時代が始まりました！』『宇宙を味方につけるリッチマネーの秘密』『2020年　最高の私を生きる 令和時代の最強手帳』（ともに徳間書店）他、多数。

▶はせくらみゆき公式サイト：https://www.hasekuramiyuki.com/

Special ★ thanks

アミ　ミッチェルあやか（編集協力）　亀甲和子　速水航平

★STAFF

ブックデザイン ——— 穴田淳子（a mole design Room）

カバー・本文イラスト ——— 鈴木麻子

校　正 ——— 麦秋アートセンター

編　集 ——— 豊島裕三子

※本書は『起こることは全部マル！』（2014年、ヒカルランド）を
大幅に加筆、修正し、リニューアルしたものです。

起こることは全部マル！
増量パワーアップ版
22世紀的「人生の攻略本」

第1刷　2020年3月31日
第2刷　2024年3月10日

著　者　ひすいこたろう　はせくらみゆき

発行者　小宮英行

発行所　株式会社徳間書店
〒141-8202 東京都品川区上大崎3-1-1
目黒セントラルスクエア
電話 編集（03）5403-4344／販売（049）293-5521
振替 00140-0-44392

印刷・製本　大日本印刷株式会社

ISBN978-4-19-865073-5

徳間書店の本★大好評３刷！

パラダイムシフトを超えて

いちばん大切なアセンションの本質

著者：はせくらみゆき

自己変容へ至る道と、次元上昇――アセンション
の実像をていねいに説いた、はせくらみゆき氏
著書累計50冊目を記念する注目の書き下ろし！

コロナパンデミックから２年がたち、これから世界はどうなるのかを集合意識で見ると、ハードランディングをもって学ぶというタイムラインを選択しました。このまま、無意識・無自覚に変化していく流れに乗るのか？　それとも、集合意識を超えて「新しい現実」をつくっていくのか――。魂の声に気づくための超メッセージ！

自分がどの次元、どの時空にいるか知りたいとき／感性のステージを上げる生き方／直観力――あなたの本質であり、叡智の力／続々届いたパラレルワールド報告／あなたのエネルギーを吸い取るエナジーヴァンパイア／気がついたら「あなたの世界がガラリと変わる」方法／「悟り」はゴールではなく、スタート地点／あなたが地球を立ち去る時、何を言いますか？／あなたを次のステージへ導くもの

お近くの書店にてご注文ください。